高等职业教育新形态一体化教材

教育读本

（高职版）

教育部职业技术教育中心研究所　组编

高等教育出版社·北京

内容提要

本书是由教育部职业技术教育中心研究所组编，八所"双高计划"建设院校共同参与编写的高职劳动教育新形态一体化教材。

本书根据中共中央、国务院印发的《关于全面加强新时代大中小学劳动教育的意见》和教育部印发的《大中小学劳动教育指导纲要（试行）》编写而成。全书共八个专题：崇尚劳动，掌握技能，传承精神，培育品质，尊重劳动：实现体面劳动的核心，从劳动锻炼走向工作世界，做新时代的劳动者以及拓展学习。通过"劳动认知""案例品读""话题探讨""延伸探究"等栏目，帮助学生把握劳动教育的基本内涵，使学生理解和形成马克思主义劳动观，树立劳动最光荣、劳动最崇高、劳动最伟大、劳动最美丽的观念；培养劳模精神、劳动精神和工匠精神，培育遵纪守法、诚实守信等优良品质，做有职业理想、有本领、勇于担当的新时代劳动者。

本书既可作为高等职业学校劳动教育必修课程（不少于16学时）的教材，也可作为相关企业员工培训的学习读物。书中劳模工匠案例典型，数字化学习资源丰富，方便读者自学。

本书配套开发有教学PPT、电子教案等数字化教学资源，具体获取方法见书后"郑重声明"页的资源服务提示。

图书在版编目（CIP）数据

劳动教育读本：高职版 / 教育部职业技术教育中心研究所组编. -- 北京：高等教育出版社，2021.2（2022.11重印）
ISBN 978-7-04-055322-2

Ⅰ.①劳… Ⅱ.①教… Ⅲ.①劳动教育－高等职业教育－教材 Ⅳ.① G40-015

中国版本图书馆 CIP 数据核字 (2021) 第 000461 号

劳动教育读本（高职版）
LAODONG JIAOYU DUBEN (GAOZHI BAN)

策划编辑	贾瑞武	印刷	北京盛通印刷股份有限公司
责任编辑	李聪聪	开本	787mm×1092mm 1/16
封面设计	王　洋	印张	14.75
版式设计	赵　阳	字数	200 千字
责任校对	马鑫蕊	版次	2021 年 2 月第 1 版
责任印制	赵义民	印次	2022 年 11 月第 7 次印刷
出版发行	高等教育出版社	定价	29.60 元
社址	北京市西城区德外大街 4 号		
邮政编码	100120		
购书热线	010-58581118		
咨询电话	400-810-0598		
网址	http://www.hep.edu.cn		
	http://www.hep.com.cn		
网上订购	http://www.hepmall.com.cn		
	http://www.hepmall.com		
	http://www.hepmall.cn		

本书如有缺页、倒页、脱页等质量问题，请到所购图书销售部门联系调换
版权所有　侵权必究
物料号　55322-00

编委会

顾　问：

瞿振元　中国高等教育学会

编委会主任：

王扬南　教育部职业技术教育中心研究所
苏雨恒　高等教育出版社

编委会副主任：

曾天山　教育部职业技术教育中心研究所
贾瑞武　高等教育出版社

委　员（按姓氏笔画排序）：

王官成　重庆工业职业技术学院
王春光　济南职业学院
王建林　浙江机电职业技术学院
刘义国　教育部职业技术教育中心研究所
刘兰明　北京工业职业技术学院
杜安国　广东轻工职业技术学院
杨欣斌　深圳职业技术学院
陈晓琴　江苏海事职业技术学院
蒋晓明　长沙民政职业技术学院

序 言

　　习近平总书记站在实现中华民族伟大复兴的战略高度，在2018年全国教育大会上首次提出把劳动教育纳入培养社会主义建设者和接班人的总体要求之中，历史性地把劳动教育从传统意义上促进青少年全面发展的有效途径提升为重要教育内容，形成德智体美劳全面发展的教育体系，明确了新时代加强劳动教育的思想指引，引发了社会的强烈共鸣。

　　劳动是生活的第一需要，各国都非常重视青少年学生劳动意识和能力的培养。日本《教育法》把"关注职业和生活的关系，培养重视劳动的态度"作为教育重要目标，把培养勤劳观、基本生存能力纳入教育方针，规定中学生每周要在学校农场、果园和家禽畜饲养场参加两小时全校性的生产劳动。近年来，俄罗斯重拾苏联时期劳动教育的实践经验，于2015年颁布《劳动教育发展纲要》，创新劳动教育活动形式和保障机制。在社会主义国家，劳动教育被赋予特殊含义，即把教育与生产劳动相结合作为实现马克思主义体脑结合、全面发展教育理念的有效途径，把劳动教育作为培养社会主义建设者和接班人的重要内容。可以说，我国的劳动教育培养了一代又一代人，"劳动光荣，浪费可耻，不劳动者不得食"的观念深入人心，学工、学农、学军在几代人心中留下了不可磨灭的历史记忆，延续了中华民族勤劳奋斗的优良传统。

　　随着社会的变迁及各种因素的影响，传统劳动教育的基础条件和社会氛围已经发生了重大变化，劳动教育有所弱化、淡化，在一部分青少年中存在"不珍惜劳动成果、不爱劳动、不会劳动"的现象，长此以往会危及社会主义事业的永续发展和中华民族的伟大复兴。

新时代、新形势、新任务，在新的历史条件下开展劳动教育，机遇与挑战并存。一方面，勤劳节俭是中华民族的宝贵基因，重视劳动教育是社会主义教育的光荣传统，培养时代新人对劳动教育的要求极为迫切。另一方面，我们应清醒地认识到当今时代经济全球化、价值多元化、社会信息化的特点，传统生活生产方式和组织形态发生重大变革，这一切都会对劳动教育产生影响和冲击。要避免思想认识上的片面和实践上的盲目，防止评价上的单一和效果上的弱化。要构建科学实用的现代劳动教育体系，形成更高水平的人才培养体系；既要培养兢兢业业的普通劳动者，还要培养大国工匠，也要培养创造发明的科学大师，形成崇尚劳动创造的社会风气。从简单体力劳动引向创新创造复杂劳动，加快建设教育强国和制造业强国。新时代更加强调幸福是奋斗出来的，青春是用来奋斗的，不劳动无以为人，无创造无以成事，没奉献难成大器。劳动教育的独特育人价值和综合育人价值不仅没有消失，反而在培养社会主义合格建设者和可靠接班人方面的作用更显重要。要教育引导学生参与形式多样的劳动教育实践，使其形成崇尚劳动、尊重劳动人民的观念，增强其同理心，提高劳动素养，养成劳动习惯，弘扬劳动精神，以完善人格、造福人民。

"五育"并举，全面贯通，在劳育中发现"五育"、渗透"五育"、落实"五育"，在"五育"中认识劳育、把握劳育、实现劳育。我们一方面要看到劳动教育的独特价值，它关系到青少年劳动素养的培养，这是其他四育无法替代的。生活劳动着重解决个人自理问题，生产劳动侧重解决物质财富创造的问题，服务劳动侧重解决个人与社会的和谐关系问题。另一方面要看到劳动教育的综合育人价值，充分发挥劳动教育的树德、增智、强体、育美作用。德育与劳动教育有机结合有助于解决德育虚化问题，在德育中引入社会公益性劳动，在生产劳动中渗透德育，有助于学生端正生活态度和价值观，提高社会公德，增强社会责任感。智育与劳动教育相结合有助于学生从做中学，知行统一，学以致用，提高劳动的技术含量，培养创造性劳动能力。体育与劳动教育相结合有助于磨炼学生意志，培养其公平竞争意识和团队合作精神。美育与劳动教育相结合有助于培养学生创造美的能力，使其懂得劳动最美丽、劳动者最可爱、劳动成果最珍贵的道理。

由教育部职业技术教育中心研究所组编、高等教育出版社出版的《劳动教育读本》（高职版）、《劳动教育读本》（中职版），就是为了加强职业院校的劳动教育。在落实劳动教育的过程中，坚持目标导向和问题导向相结合，重点关注教什么、怎么教、怎么评、谁负责，有针对性地解决实践中存在的"不想干、不愿干、不敢干、不会干"等问题。培养青少年尊重劳动、劳动人民和劳动成果的意识，自我服务的技能以及认真、负责、创造性地对待劳动的态度，丰富青少年运用知识技能获得精神财富和物质财富的教育实践，帮助青少年提高合作劳动和独立劳动的能力，为劳动教育的深化和传播做一些有益的贡献。

《劳动教育读本》编委会
2020年11月

编写说明

2018年9月，习近平总书记在全国教育大会上强调，要坚持中国特色社会主义教育发展道路，培养德智体美劳全面发展的社会主义建设者和接班人。2020年3月，中共中央、国务院发布《关于全面加强新时代大中小学劳动教育的意见》（以下简称《意见》），对新时代劳动教育做了顶层设计和全面部署，构建了体现时代特征的大中小学劳动教育体系。2020年7月，教育部印发《大中小学劳动教育指导纲要（试行）》（以下简称《指导纲要》），明确提出职业院校要围绕劳动精神、劳模精神、工匠精神等模块开设劳动专题教育必修课，课时不少于16学时。这为我们做好职业院校劳动教育指明了方向，提供了基本遵循，提出了明确要求。2020年9月，教育部等九部门发布的《职业教育提质培优行动计划（2020—2023年）》指出，将劳动教育纳入职业学校人才培养方案，设立劳动教育必修课程，统筹勤工俭学、实习实训、社会实践、志愿服务等环节系统开展劳动教育。

为贯彻落实习近平总书记关于新时代劳动教育的重要精神，更好地指导职业院校开设好劳动教育课程，根据《意见》和《指导纲要》的要求，教育部职业技术教育中心研究所组织八所"双高计划"建设院校的专家、教师，共同编写《劳动教育读本》（高职版）。本书是以专题读本形式呈现的高职院校劳动教育新形态一体化教材，具有以下突出特点：

一、紧跟政策要求，创编团队权威，内容科学性、思想性强

本书以马克思主义劳动观和习近平总书记关于劳动教育重要

论述为指导，紧扣高职院校劳动教育的人才培养目标和要求，全面落实《意见》《指导纲要》精神，由教育部职业技术教育中心研究所精心策划组织，八所"双高计划"建设院校的专家、教师共同编写而成。本书坚持以正面引导为主的教育导向，政治思想性强，有利于学生树立正确的世界观、人生观、价值观，有利于提高高职院校学生的劳动素养和劳动能力。同时，本书充分考虑与《劳动教育读本》（中职版）的衔接，在整体框架结构、教学目标与内容的深度等方面都在中职版读本的基础上有适当的提高，在整体设计上突出一体化和科学性。

二、打造专题读本，融合职教案例，模块化思辨教学

在体例编排上，本书分为八个专题，每个专题均设置"劳动认知""案例品读""话题探讨""延伸探究"四个模块，形式多样、生动活泼，符合高职学生的阅读特点；在文字表达上，本书避免高高在上的说教，注重摆事实、讲道理。每个专题的引言、话题探讨的设计和案例的选取，都充分考虑高职学生的兴趣特点和生活环境。选取学生劳模、能工巧匠等典型案例，提高读本内容的可信度和亲和力。同时，考虑高职学生的思想特点，本书特意安排话题探讨和延伸探究环节，有意识地培养学生的思辨能力。

三、立足原创，整体设计，图文并茂

本书以"逻辑图表化、概念精准化、任务直观化和版式生动化"为创编理念，对新时代高职院校学生劳动教育的内容和要求进行了比较全面的梳理和安排。原创构思设计的漫画及精选表现力强的正版高清图片100余幅，活化教学内容情境，版式精美，阅读流畅，全书图文并茂，通俗易懂，易教易学。

四、微视频大赛获奖作品为新形态教材注入鲜活生命力，使教材立体性更强

融入 2020 年中国职业技术教育学会"传承的力量"微视频大赛获奖作品，凝聚全国职校智慧结晶，兼具纪实性和原创性。真实记录职教人逐梦成长的生动事例，演绎困难中坚守、拼搏中进取、平凡而伟大的职教人生。教材中的微视频以二维码链接的形式呈现，打造"一书一课一空间"的教学模式。本书实现了教学主体多元化、教学形式多样化、教学内容情境化、教学案例真实化，能够满足不同使用者的需求。

本教材各专题的编写分工如下：第一专题由长沙民政职业技术学院的蒋晓明、谢丽琴编写；第二专题由济南职业学院的王春光、尹元华、徐方修、田丽红、朱艳、李艾华、李艳红、刘君、刘艳芹、薛燕飞编写；第三专题由重庆工业职业技术学院的王官成、俞燕编写；第四专题由北京工业职业技术学院的刘兰明、蔡雯清编写；第五专题由深圳职业技术学院的杨欣斌、谭属春编写；第六专题由江苏海事职业技术学院的陈晓琴、杭俊、周婷婷编写；第七专题由广东轻工职业技术学院的杜安国、梁艳珍、刘红卫编写；第八专题由浙江机电职业技术学院的王建林、阎晗编写。

在编写过程中，本书参考和借鉴了劳动教育研究方面的文献资料、网络资源和研究成果，在此谨向相关作者表示诚挚的感谢。由于编者水平有限，书中不足之处在所难免，敬请广大师生批评指正，相关意见反馈可发邮件至 licc@hep.com.cn。

本书编写组
2020 年 11 月

本书微视频作品提供者名录

专题	作品名称	所属单位	作者
1	《大国小匠》	江苏农林职业技术学院	唐冬芬 赵 佳 刘昭澄 杨婷婷 武格格 罗加倩
2	《追光少年》	新疆建设职业技术学院	刘 艳 温亮亮 牛状锦 雷 彬
3	《扇与承——非遗手工制扇的"后浪"故事》	浙江经贸职业技术学院	朱 颖 孙 勇 丁莹莹 叶可一 蔡凯彬 郑敏洁 刘德霞
4	《勤身苦志学技艺 梨园舞台展芳华》	扬州文化艺术学校	王 舒 方 芳 陆卫民
5	《劳动之手》	黎明职业大学	李志超 陈李鹏 王艮冲 刘 炟 李镇强 郑增辉（仙作木艺雕刻师）
6	《逐梦青春》	济南工程职业技术学院	周伯平 张 凯 李如心 郭浩然 孙海伟 刘燕海 耿 虎 程 莹
7	《追梦新农人》	福建农业职业技术学院	周建姿 连淑娇 郝嘉乐 陈佳玲 齐银松 吴雍明 饶大钦
8	《筑梦者》	四川建筑职业技术学院	康宏宇 袁 严 彭紫薇 黄薪睿 杜程程 蔡云飞 魏麒麟 鲜 洁 王姣姣 赵 桐 文 阳

感谢以上院校、老师对本教材配套数字资源的支持。

目　录

专题一　崇尚劳动 —— 001

1.1　劳动简史 / 002
1.2　劳动本质 / 009
1.3　劳动的意义 / 016

专题二　掌握技能 —— 023

2.1　生活技能 / 024
2.2　职业技能 / 030
2.3　社会技能 / 038

专题三　传承精神 —— 047

3.1　劳动精神 / 048
3.2　工匠精神 / 057
3.3　劳模精神 / 067

专题四　培育品质 —— 077

4.1　依法履约 / 078
4.2　安全生产 / 084
4.3　吃苦耐劳 / 092
4.4　诚实守信 / 098
4.5　勤俭节约 / 102

专题五 尊重劳动：实现体面劳动的核心 —— 111

5.1 让劳动者实现体面劳动 / 112

5.2 促进劳动者全面发展 / 122

5.3 提高劳动者待遇 / 128

5.4 保护劳动者权益 / 132

专题六 从劳动锻炼走向工作世界 —— 139

6.1 劳动引发职业兴趣，助力正确择业 / 140

6.2 劳动培养创新能力，提升创业意识 / 149

6.3 劳动助推职业生涯，成就职业理想 / 159

专题七 做新时代的劳动者 —— 167

7.1 做有理想的劳动者 / 168

7.2 做有本领的劳动者 / 176

7.3 做有担当的劳动者 / 186

专题八 拓展学习 —— 197

8.1 平凡之中见伟大 / 198

8.2 简单劳动与复杂劳动的不同价值 / 202

8.3 奉献精神与劳动维权 / 206

8.4 在劳动中德技并修 / 210

8.5 人工智能对人类劳动技能的影响 / 214

专题一
崇尚劳动

劳动是人类生存的基础，更是人类文明进步的源泉。本专题通过描述劳动发展的三个不同阶段，展现各阶段劳动的特点和演变过程；通过探讨劳动与学习、实践、创造、职业及发展之间的内在关联性，认识劳动的本质；通过阐释劳动如何创造世界、创造历史、创造人本身，深刻理解劳动的意义，提高学生在劳动中磨炼意志、强化自身责任担当的自觉。在对劳动有正确认知的前提下，形成崇尚劳动、热爱劳动的风气，养成良好的劳动习惯和劳动素养。

视频
大国小匠

1.1

劳动简史

近年来，蒲县马铃薯机械化水平得到快速提升，该县也因此被农业农村部确定为山西省"土豆机械化生产示范县"。据蒲县某公司技术员介绍，在他工作的9年间，一直见证着机械化大发展给农民们带来的福利（图1-1-1）。他举例，如种100亩土豆田，用人工种要花半个月的时间，不仅累，还不均匀；用农机具只要两三天就能种完，既省力又高效。技术的发展不仅改变了沿袭千年的传统农耕方式，而且大大提高了劳动效率和农民的生活水平。改革开放40多年来，农耕方式在美丽的新农村呈现出天翻地覆的变化。请同学们思考，劳动工具的变革和生产力水平的提高是如何帮助人们实现美好幸福生活的？

图1-1-1
土豆机械化生产

【劳动认知】

劳动是劳动主体自由创造的过程，是使人类社会从野蛮、原始的过去，发展到文明、先进的今天的推动力。没有劳动，就没有人类的生存和发展，就没有人类的今天和明天。恩格斯指出，劳动的作用不仅在于创造财富，而且在某种意义上"创造了人本身"，创造了属于人的世界。在自由自觉的劳动中，人的生命得到了确证，意义和价值得到了彰显。在人类社会漫长的历史演进中，从刀耕火种的原始农业时代，到现在的信息化和智能化时代，劳动创造美好生活的事实和规律始终没有改变，变化的只是劳动形式。

1. 手工劳动的发展及内涵

手工劳动的发展　劳动不是自古就有的，而是自然长期进化的结果。其中生物进化的直接结果就是类人猿的产生及其特殊生理结构的发展，在此基础上有了劳动的萌芽，以及动物本能式的劳动形式，即使用天然的石块、木棒来获取食物，这就是最初的"劳动"和"劳动手段"——动物本能式的劳动及天然工具。

在动物本能式劳动的基础上，类人猿活动范围逐渐扩大，与此相适应的是身体结构的进化，其行为由最初偶然地、不经常地使用天然工具发展到比较频繁地使用天然工具。在使用天然工具的基础上，他们开始偶尔地使用、加工天然工具，然后发展到经常地、大量地使用和加工天然工具，以至于后来利用工具来制造工具，进而完成生产，这就产生了第二种劳动形式——手工劳动。

手工劳动的内涵　手工劳动是指从事以手工技能为主的生产劳动，即用手工操作的劳动。在原始社会，人类就已开始从事简单的手工劳动，如采集野生果实、制造生产工具、耕种田地等。工具的产生和运用又不断促进手工劳动的发展。与工业生产方式相比，手工劳动不仅有低投入、低能耗、低污

图1-1-2
手工雕刻与
手工制作串珠

（a）　　　　　　　　　　　（b）

染和小型、分散、灵活、易行、普适等经济技术方面的优势，还有尊重本土文化、博采人文资源、广开就业渠道及丰富劳动形态等社会人文方面的优势。

手工劳动是现代学徒制的萌芽　流淌汗水的脊背、长满老茧的双手、叮当作响的捶声、印着手痕的陶器……手工劳动有一套完整手艺，以匠人为单位展开，以师傅带徒弟的形式进行传承。手工劳动日出而作、日落而息，具有机器无法规划的合理性，在与自然漫长的磨合中生成，它本身蕴含的美，是人类长期向自然习得的（图1-1-2a～图1-1-2b）。教育部于2014年提出的现代学徒制，与传统的手工劳动有异曲同工之处，它是通过学校与企业深度合作，教师、师傅联合传授，对学生实行以技能培养为主的现代人才培养模式。与普通大专班和以往的订单班、冠名班的人才培养模式不同，现代学徒制更加注重技能的传承，由校企共同主导人才培养，设立规范化的企业课程标准、考核方案等。在某种程度上，它是基于校企深度融合的大规模师傅带徒弟的培养模式。

2. 大机器生产的发展与内涵

大机器生产的发展　大机器生产在18世纪最后30多年开始出现，于19世纪在欧洲主要资本主义国家和美国得到扩展。它始于英国，1733年约翰·凯伊在纺织工业中发明了"飞梭"，1764年哈格里夫斯发明了纺纱机，1785年卡特莱特又发明了织布机。从18世纪中叶起，蒸汽机的应用有力地推动了运输业、机器制造业、冶金工业、煤矿工业等产业的迅速发展，西欧各主要资本主义国家先后从工场手工业逐渐过渡到机器大工业。

大机器生产的内涵 以机器生产来代替手工操作，是因为以原始技术和手工劳动为基础的工场手工业不能满足日益扩大的市场对工业品的需求而产生的必然结果。马克思认为机器大生产是榨取相对剩余价值的阶段，这一阶段充分表现了资本主义生产关系与生产力的矛盾、无产阶级与资产阶级的矛盾的进一步发展和激化。

大机器生产与手工劳动截然不同，机器本身的结构性质是生产过程的核心，通过机器对生产过程的整合，人类劳动的不确定性得以消除，生产能力得到进一步提高。机器的应用，减少了产品生产时间，大大提高了劳动生产率，增加了社会财富。大机器生产有两大基本特征：一是建立在科学技术基础之上，随着科学技术的进步不断更新自己的技术基础；二是高度的社会化大生产，具体表现为生产资料使用过程、工艺生产过程和产品市场实现过程的社会化程度日益提高。机器大生产的出现，标志着科学技术的进步和人类改造自然的重大进展。

大机器生产促进现代职业教育的发展 在大机器生产中，生产过程被分为不同的工序，复杂劳动分解为简单劳动，按一定工序和比例组合在一起而形成的总体劳动才能完成产品的生产。劳动者只需要遵循一定的标准，负责其中的一道工序或一个环节。长时间地重复某一固定劳动，会使劳动者的劳动技能逐渐固化在这一特定的岗位上，这就是现代职业人才培养的岗位标准雏形。在这个意义上，大机器生产促进了现代职业教育的产生与发展（图1-1-3）。

图1-1-3
蒸汽机代替织布机进行大批量生产

3. 人工智能生产的发展与内涵

人工智能生产的发展　在第一次工业革命后，出现了"自动化"这一概念，其主要强调的是机器自动生产，实现"机器换人"，在过去完全依靠手工操作的岗位此时可以利用机器进行不间断地大规模生产；而"智能化"追求的是机器的柔性生产，本质是"人机协同"，更加看重机器能够自主配合人和环境进行工作。人工智能的概念形成于20世纪50年代，其发展阶段经历了三次浪潮。第一次浪潮是20世纪五六十年代注重逻辑推理的机器翻译时代；第二次浪潮是20世纪七八十年代依托知识积累建构模型的专家系统时代；第三次浪潮是2006年开始的重视数据、自主学习的认知智能时代。

人工智能生产的内涵　人工智能技术的演进可分为弱人工智能和强人工智能两个阶段。弱人工智能是指人工智能尚未达到人类智能水平，因此不能离开人类的管理而自行活动；强人工智能是指人工智能已达到人类智能水平，可以像人一样独立设定目标和解决问题。当下的人工智能技术，从本质上来说，尚属于弱人工智能阶段。弱人工智能在工作中并不只是简单地执行命令，而是根据收到的命令，通过概率计算，以相对高效快捷的方式完成任务。弱人工智能技术的出现进一步将人类劳动逐出机器机构，它能自主地收集信息，作出简单判断，并在此基础上与其他人工智能或人类进行信息交互。因此，机器机构可以借助弱人工智能技术彻底摆脱人类劳动的束缚，产生更高的生产效率。比如，当主人要求家庭智能机器人"帮我找一首好听的歌"，这个弱人工智能程序则首先会根据多数人的选择和以往的记录来概率性地猜测所谓"好听"的标准是什么，并且与人类互动，要求使用者在听到"好听"的歌时加以记录，以进一步提高概率运算的准确性。

人工智能对职业教育带来的挑战　人工智能技术重构了人与生产的关系，减少了对低端劳动力的吸纳，提高了对劳动力综合素质的要求（图1-1-4）。同时，人工智能技术使得机械性、重复性的工作岗位逐渐减少，个性化、柔性化的服务类工作岗位持续增加，造成了当前国内"就业难"与

"招工难"并存的现象,给现有的职业教育体系、结构和内容带来巨大挑战。职业教育要实现高质量发展,必须积极变革,快速响应就业市场的变化,创新职业教育人才培养模式,重构职业教育内容体系,将人工智能与职业教育充分结合,有效实现职业教育的现代化。

图1-1-4 智能数字化工厂

【案例品读】

人工智能托举"无人工厂"

在石英玻璃生产车间内,各种设备忙碌而有序地工作着。叉车AGV在各个工站间不停穿梭,它将已经成型的石英玻璃从高空取下,自行运送到仓库的存储区。整个过程基本看不到操作工人的身影。上下料、搬运、检测、入库等每道工序基本都实现了自动化操作,各工序间不仅衔接默契,并且准确高效(图1-1-5)。

以上场景可不是对于未来的想象,而是湖北菲利华石英玻璃股份有限公司生产车间的真实写照。几年前,菲利华的生产车间还是这样:车间内拥有约50个工位,各个环节都依赖人工完成,现场总是有将近70个工人在不停地忙碌。现场温度高、环境恶劣等因素,导致人员流失严重。对于公司而言,人工成本不断攀升,生产效率也无法得到保障,菲利华迫切需要摆脱当前困境。

图1-1-5 无人工厂

实现三线联动后,菲利华工厂大大减少了人工作业,降低了人工劳动强

◎案例解析：该案例生动地展现了人工智能的发展及其威力，人工智能实现了工厂的无人化，这不仅提高了效率、控制了成本，而且还奠定了企业规模化生产的基础。人工智能时代的到来，不仅让物质生产与非物质生产均实现了全面自动化，而且还会导致未来的职业变化不断加速，大量的职业会消失，又有大量的职业会兴起。为了应对人工智能发展带来的职业变化，作为职业院校的学生，更应注重自身能力和素质的全面发展，实现"一专多能"，不断提高岗位适应能力和可持续发展能力。

度，节省了人力成本。上料、下料从原来的5个人减少为仅需1个专业技术人员就能监测处理工艺等问题；原本至少需要2~3个人在车间搬运玻璃成品，现在只需要1台叉车AGV就能高效搬运。此外，工站生产完毕，会直接给叉车AGV发送信号，大大缩短了中间反应时间，提高了生产效率。在线检测和质量跟踪等功能不仅减少了人为误差，更有助企业提升产品品质。三线联动还能做到生产线缺料、停料的及时呼叫，让管理者对设备状态一目了然，实现生产效益的最大化。

（资料来源：研华智能地球，有删改。）

话题探讨

抗日战争时期，战争消耗和经济封锁导致根据地粮食紧张，加之连年战乱，土匪肆虐，位于延安城东南方向约45公里处的南泥湾，变成了人烟稀少、树木繁茂的荒僻之所。在这种形势下，毛主席亲笔题词"自己动手，丰衣足食"。于是，一场轰轰烈烈的大生产运动在陕甘宁边区迅速开展起来。经过三五九旅一年多的艰苦奋斗，昔日荒草丛生、沼泽遍地的"烂泥湾"变成了到处是庄稼、遍地是牛羊的陕北"好江南"。60多年后的今天，拥有1万多人口的南泥湾镇，种植业和养殖业蓬勃发展，红色旅游也吸引着越来越多的游客，南泥湾镇正在成为历史文化旅游名镇（图1-1-6）。南泥湾从荒无人烟的"烂泥湾"到陕北"好江南"，你怎么看待这个变化？

图1-1-6
陕西南泥湾

1.2 劳动本质

王家世世代代把勤劳当成传家宝。祖父的劳动观是"活着就要不停地干活",甚至在生命的最后时刻他都在劳动。父亲从祖父那里继承了勤劳的品格,不过他的劳动观是"苦干不如巧干",村里第一台拖拉机是父亲买的,第一台收割机也是父亲买的,父亲的巧干为家里带来了富裕的生活。小王始终坚守自己的劳动观,即"不拼命,不蛮干,巧干加劳逸结合",这些年他一直坚持劳逸结合的方式,适当的放松不仅没有影响工作效率,反而使其工作更加高效。通过阅读王家三代人的劳动观,你认为劳动的本质是什么呢?

【劳动认知】

马克思与恩格斯认为:劳动创造了价值。教育与生产劳动相结合的思想,是马克思主义教育学说的重要内涵。在其著作《资本论》中,马克思从劳动价值观的视角对劳动本质进行了探讨,他认为劳动本质是基于劳动者立场,目的在于促进劳动者的全面发展。青年学生要肩负起中华民族的未来,实现中华民族伟大复兴的中国梦,离不开"学习、实践、创造、职业、发展"这五个人生关键词,而这些正是马克思主义理论体系中劳动本质理论不可或缺的要素。厘清劳动与学习、实践、创造、职业及发展之间的内在关系,深入认识和理解劳动的本质,对于学生树立正确的劳动价值观、促进其全面发展，推动我国教育事业的改革和发展，培养社会主义建设者和接班人具有重要的指导意义。

1.劳动与学习

马克思说，劳动是人类的本质；学习是人类生存的本能。乌申斯基则提出，学习是劳动，是充满思想的劳动。面对飞速发展的现代社会，学习使劳动走向信息化、网络化、数据化、科学化，二者的共生关系越来越紧密。

劳动与学习相辅相成，二者共同影响着我们的工作和生活。一方面，学习作用于劳动。学习新知识、新技能可以帮助我们更好地从事劳动实践。另一方面，劳动反作用于学习。在劳动的过程中，我们可以发现新问题，认识到自己的不足，使学习更具针对性。要培养有社会主义觉悟的有文化的劳动者，必须实行教育与生产劳动相结合的方式。从某种程度上说，青年学生要一边学习，一边劳动；既要搞好学习，又要搞好劳动（图1-2-1a～图1-2-1b）。青年学生在学校学习的过程，实质上就是知识化的过程，同时也是劳动化的过程。劳动助力学习主要包括以下四个方面：劳动有助于明确学习目标与任务；劳动有助于认识学习的价值与意义；劳动有助于探索学习方式与途径；劳动有助于缓解学习压力。

图1-2-1
某职业技术学院：在无限春光中上好劳动教育这堂课

（a）　　　　（b）

2.劳动与实践

劳动来源于实践，实践包含劳动，二者均是指向人的活动。劳动是人类创造物质财富和精神财富的活动，包括体力劳动和脑力劳动；实践是人们有意识地改造自然和改造社会的活动。可见，它们的概念都包含：主体（人）、客体（自然与社会）。劳动与实践的结构概念是基本一致的，都有体力和脑力的付出，都能创造物质财富和精神财富。

从狭义上看，并不是所有的实践都是劳动。劳动是实践的一种，在商品经济里，劳动专指创造商品的活动，即只有那些能够生产出用于交换的劳动产品（商品）的活动。此时劳动的目的性、指向性、功能性更为具体和明确。但是，实践的包容性更大，即使是在商品经济时代，实践也是从非商品实践开始的，因为人类的社会生产不只有商品生产，还要有非商品生产。

3.劳动与创造

"人有两个宝，双手和大脑。双手会做工，大脑会思考。用手又用脑，才能有创造。"创造的发生离不开劳动。劳动可以使创造更具象，因为创造不是凭空想象，而是在劳动过程中的创新行为。这种创造的发生并非偶然，它是劳动从量变走向质变的过程。劳动本身就是一种创造性的活动，世界上无数的发明成果皆由劳动创造。教育家陶行知曾经说过，在劳力上劳心，是一切发明创造之母。事事在劳力上劳心，便可得事物之真理。这句话充分道出了发明创造与劳动的直接关系。如果没有劳动，便没有创造，人类也将永远停留在原始、野蛮的古代社会，根本不会创造出当下如此灿烂辉煌的物质财富和精神财富。

习近平总书记非常重视高素质劳动者、创造性人才，他在讲话中多次提到"劳动"与"创造"：劳动者素质对一个国家、一个民族发展至关重要，劳动者的知识和才能积累越多，创造能力就越大；让劳动光荣、创造伟大成为铿锵的时代强音；教育孩子们从小热爱劳动、热爱创造，通过劳动和创造播种希望、收获果实；把蕴藏于工人阶级和广大劳动群众中的无穷创造活力焕发出来。实干与创造在习近平总书记的"劳动观"中是相辅相成的。在《摆脱贫困》一书中，习近平总书记写道：农村劳动力如果继续束缚在原有规模的耕地上，倚锄舞镰，沿袭几千年来日出而作、日落而息的耕作老传统，进行慢节奏、低效率的生产劳动，那就不是一件好事。反之，用改革开放的眼光来看待劳动力的大量转移这件事，会惊喜地发现：我们又获得了一种极其宝贵、可待开发、可能创造巨大价值的崭新资源。可见数以万计的劳动资源为创造提供了动力，并产生更高的效率。

4.劳动与职业

苏霍姆林斯基认为，脱离劳动，没有劳动，就没有、也不可能有教育。劳动教育对于学生未来的职业发展尤为重要。劳动是人类的本质活动，职业是个体与社会建立联系的桥梁，二者的有机结合能使青年学生获得关于劳动、职业的基本认知，使其形成初步的劳动情感、职业理想和职业伦理，进而为青年学生职业生涯的规划和人生理想的实现提供指导。同时，从劳动的价值来看，良好的劳动习惯和积极的劳动态度可以有效提升学生的职业发展空间。

职业教育是劳动教育的专业版，是与劳动操作密切相关的专业教育，其培养目标本身包含工作或劳动技能的培育（图1-2-2）。职业教育培养的是面向生产一线、从事专业劳动和专业生产的技术技能人才，其中既包括实体经济中生产物质资料的技术技能人才，也包括服务业中提供生产性服务和生活性服务的技术技能人才。因此，职业教育的劳动是与生产实践和专业发展结合起来的。

图1-2-2
某高级职业学校学生参加车加工技术比赛

5.劳动与发展

劳动是实现学生全面发展的重要途径，学生的发展最后都应落实到劳动中来。"德、智、体、美、劳"是学生全面发展的五大要素，缺一不可。只有当德、智、体、美践行于劳动中时，人才能真正地实现全面发展。由此可见，劳动在人的终身发展中，特别是在青少年全面、自由的发展过程中起到了至关重要的作用。

人的任何一种思想认识或感受，都是来源于劳动实践。劳动实践的机会越多，认识或感受便越深。通过劳动，人的道德品质能够得到不断提高。同时，劳动还能促进智力发展。现代科学已经证明，良好的动手能力是智力发展的重要基础。各种不同形式、不同内容的劳动，特别是那些比较复杂的劳动，不仅需要大脑下达命令，而且需要人体各器官协调配合，从而实现劳动效率的提高。由此可见，劳动能训练广大学生手脑并用的能力，有利于促进智力的发展。

民生在勤，勤则不匮。改革开放以来，在中国共产党的领导下，全国各族人民发挥主人翁精神，用自己的辛勤劳动创造了一个又一个奇迹（图1-2-3）。因此，从某种程度来说，劳动是发展的基础，劳动成就了发展。而发展也会反作用于劳动，提高劳动效率、变革劳动方式，促进社会的发展。

图1-2-3 "筑梦出川大通道，争当发展火车头"铁路建设劳动竞赛启动

【案例品读】

传奇的杰作——都江堰之奇功

都江堰是中国古老的灌溉系统，它最初建于约公元前256年，作为灌溉和防洪工程，至今仍在使用。战国时期，生活在岷江沿岸的人们饱受洪灾困扰。秦蜀郡太守、灌溉工程师和水文学家李冰对这一问题进行了调查，发现岷江从岷山上冲下来后，到达成都平原会突然减速，给河道注入淤泥，从而使附近地区极易发生洪灾，其中一个解决办法是建一座水坝。于是，李冰从秦昭王那里求得10万枚银币，并组建了一支据说有数万人的队伍。用长长的香肠状竹子编织成的篮子建成大堤，篮子里装满了石头，叫作竹龙，并用一种名为"马哈"的木制三脚架固定在原处。但切割通道是一个大问题，因为在火药被发明之前，李冰可用的工具无法穿透坚硬的岩石，所以他使用火和水来加热和冷却岩石，直到它们破裂并将其移除。经过8年的努力，一条20米宽的水道被凿穿了山。都江堰系统建成后，岷江沿岸不再发生洪灾，灌溉使四川成为中国最高产的农业区。2000年，都江堰成为联合国教科文组织世界遗产地（图1-2-4）。如今，它已成为四川的主要旅游景点之一。

（资料来源：百度百家，有删改。）

> ◎案例解析：通过这个案例我们可以看到，两千多年前，没有火药、没有机械，单凭竹子、石头，李冰率领民众成功开凿了山体、切割了通道、建起了大坝。李冰父子在劳动实践中得出"深淘滩，低作堰"的治堰原则，成为都江堰长盛不衰的主要"诀窍"。都江堰是集体劳动的结晶，深刻诠释了"劳动就是创造"的道理。作为新时代的我们，不仅要学习这种敢于实践、勇于创造的精神，更要在学习、实践、创造中深刻认识到劳动的本质，并将此应用于我们的生活和工作中。

图1-2-4 都江堰成功申报世界灌溉工程遗产

话题探讨

近年来，许多家长望子成龙心切，为了让孩子有更多时间"专心"学习，把孩子必要的劳动，包括自我服务性劳动全包了下来。孩子劳动的机会被剥夺了，久而久之他们习以为常，养成了衣来伸手、饭来张口的习惯，劳动意识日益淡薄。而据中国材料科学泰斗、高温合金之父师昌绪生前回忆，1934年他考入河北省立保定师范学校后获得的最大收获就是劳动。当时保定师范实行的劳动教育，是让学生们真正下地干活，每周有4个半天的劳动时间。在此期间，师昌绪学会了育种、给梨树剪枝、耕地等，他认为在后来的学习和科学研究中坚持的一些原则，就是得益于这一时期劳动教育的熏陶。对此，你是如何看待的呢？

1.3 劳动的意义

从某职业院校毕业的小杨，成了一名养老护理员。小杨的工作是照顾失能失智的老人，给老人洗脸梳头、陪着他们聊天、给他们喂饭、照顾日常起居、帮助做康复训练……但在大多数情况下，老人根本不记得她的名字，也没法跟她说话。在她的精心护理下，有的老人恢复了肢体功能，有的老人从死亡边缘顽强地活了下来，老人的生命在她充满爱的照顾中得到了延长。这么一位兢兢业业、为老人提供温暖服务的护理员，正如一片绿叶，映衬着老人们美丽的"夕阳红"，也彰显了平凡劳动所具有的伟大意义（图1-3-1）。

图1-3-1
康复师对有认知障碍的老人进行康复训练

【劳动认知】

1.劳动创造世界

劳动改造了自然　人类经过长时间的辛勤劳动，克服了寒冷、战胜了天灾、充分利用自然界的力量，如热力、水力等，使它们为人类服务。瓦特发明了蒸汽机，把煤燃烧时产生的热力有效地转变为蒸汽机的动力；人类修建了水力发电厂，利用水位差产生的动能进行发电，供给各方面的需要（图1-3-2）。随着技术的进步、劳动的发展，人类越来越了解自然界运动、发展的规律，并通过有目的的劳动有意识地改造了自然，在地球上永久地留下了自己劳动的痕迹。

图1-3-2 水力发电

劳动创造了适宜人类生活的世界　人类劳动有一个根本特点——使用工具和制造工具。人使用工具进行劳动，征服了猛兽、驯养了家畜、改造了植物、种植了农作物、开采矿源并加以冶炼，用工业劳动把原料制作成各种生产工具与生活资料，创造了适宜人类生活的世界（图1-3-3）。是劳动，建造了今天的万丈高楼；是劳动，筑就了现代化的高速公路；是劳动，让偌大的地球变成了一个小小的村落。

图1-3-3 原始的驯养和种植场景

2.劳动创造历史

劳动是历史前进的根本动力 马克思主义理论指出,历史是人类通过主观能动性和客观实践创造的。人类正是通过劳动不断改进自己的实践能力,提高科技水平,推动社会向信息化、智能化的方向发展,从而推动整个历史长河的演变。从哲学的角度看,劳动是主体、客体和意义的内涵集成体。劳动人民创造了物质世界,同时创造了精神世界,而且他们还是社会变革的主体力量。因此,劳动是人类社会生存和发展的基础,是人类维持自我生存和促进自我发展的唯一手段,更是历史前进的根本动力。

以井盐生产技术发展史为例(图1-3-4)。四川省自贡市井盐生产历史悠久,在长期的生产实践中,盐工们创造了一系列独特的生产工艺。"井盐生产技术发展史"陈列,从钻井、采卤、天然气开采、制盐等方面再现了井盐生产技术的演进和发展,表现了以深井钻凿技术为中心的古代井盐生产工艺,体现了历代劳动人民的智慧和创造才能。陈列中的清代凿井机械碓架,靠人力踩动,以铁制钻头冲击井底岩石,可将盐井凿至千米以上的深度,用以钻进各种岩层的钻头多达10余种。这些实物是世界钻井史上的重要文物。

图1-3-4 "井盐生产技术发展史"陈列

3.劳动创造人本身

劳动使人从自然界中分离出来 考古证明,人类历史至少有300万年。考古学和人类学的研究,以及近百年来世界各地所发现的古人类化石和石器时代的遗物,都不断证明劳动在从猿到人进化过程中的重要意义(图1-3-5)。

古猿通过劳动获得丰富的营养，然后前后肢分工、手脚形成，直立行走后获得了开阔的视野，发音器官的发展促进了语言的产生，脑髓的发展促进了思维的形成，最终促进了人脑的发展，这一切都是劳动的结果。

图1-3-5 从猿到人的演变过程

制造工具是人和猿的根本区别。恩格斯指出，首先是劳动，然后是语言和劳动一起，成为两个最主要的推动力，在它们的影响下，猿的脑髓就逐渐地变成了人的脑髓。正是由于劳动，人才从自然界中分离出来，形成了与动物不同的生存方式。

劳动是人类赖以生存、发展的决定力量　在劳动的直接推动下，早期人类大体经历了早期猿人、晚期猿人、早期智人或称古人、晚期智人或称新人4个发展阶段。在从早期猿人到晚期智人的发展过程中，人类的脑容量不断增大，体态特征越来越区别于猿而近似于现代人，劳动工具日益多样化，物质生活逐渐丰富，并开始出现原始精神文明。从晚期智人开始，人类逐渐发展成现代世界的各色人种。

物质生产劳动是人类最基本的实践活动，原始人经过了数百万年的劳动实践，才逐渐锻炼出灵巧的双手和发达的头脑，形成了人的各种感觉器官，形成了人所特有的感觉能力和思维能力，并且逐渐形成了表达思想感情的语言系统。从这种意义来讲，劳动创造了人本身，没有劳动就没有人类。

4. 劳动创造文明

劳动使我们丰衣足食，让我们住得舒坦、行得方便。在劳动的过程中，人们通过发明，改进了劳动工具和生产技术，提高了劳动效率，促进了物质文明的发展。在劳动过程中，人们也创造了宝贵的科学、技术和文化成果。

专门从事精神劳动的思想家、科学家、艺术家，他们在人类精神生产领域艰苦劳动，辛勤地创造着文化、科学、艺术等精神财富。无论时代条件如何变化，无论技术进步和知识更新到什么样的程度，无论经济社会发展达到什么样的水平，劳动始终是文明进步的重要源泉。

5.劳动促进人的成长与发展

劳动不仅是提高社会生产的一种方式，而且是造就全面发展的人的唯一方法。首先，在劳动过程中，人类的四肢等身体器官及其功能得到了锻炼和发展，人类的智能素质，如观察力、思维能力和创造力等得到了发展。其次，劳动能够培养和发展人的道德品质，提高人的精神境界，通过劳动，我们不但能形成艰苦奋斗、吃苦耐劳、坚强不屈的优秀品质，而且能养成艰苦朴素、勤俭节约的良好习惯。最后，劳动与个人的成才、事业的成功紧密相关。它可以锻炼我们的能力、磨砺我们的意志，强化我们自强、自信、自立的意识。这一切都是我们走上社会后建功立业、实现个人全面发展的必备素质。

【案例品读】

刘中华：从一个农民到顶级"老表匠"

1 300多万深圳人里，可能再也没有谁比刘中华更懂得光阴的宝贵，也没有谁能比他更懂得空间的价值。原因很简单：他是一个顶尖级"老表匠"，一个在方寸表盘上"跳舞"的人。1971年出生的他，老家在广东揭西农村，1990年高中毕业后，19岁的他便鼓足勇气到深圳闯一闯，这一闯就抓住了深圳飞亚达招聘的机遇。

万事开头难。到了公司，刘中华先从学徒工干起。起初他连镊子都拿不稳，一夹零件手就抖。想进步，没有捷径，必须反复练习。刘中华悟性好、肯吃苦，经过不断磨炼，他慢慢地成为公司装配部的一把好手。后来，他被调到高档手表小组，参与手表维修，做过技术线长，解决生产线上的技术问题。此外，他还对工具夹进行设计改造。在小小机芯里，练就技能是个精细活（图1-3-6）。机械表走得灵不灵，关键看师傅的调试功力。刘中华的工作要精确到丝。1丝有多细？头发丝直径是8丝。在刘中华看来，制作手表最核心的环节，就是匠人的用心打磨。

◎案例解析：该案例生动地体现了劳动对于实现人生价值的重要意义。正如高尔基所说，我们世界上最美好的东西，都是由劳动、由人的双手创造出来的。刘中华的案例告诉我们，劳动创造了世界上最重要、最美好的东西，体现了人的宝贵价值。从半坡聚落、河姆渡文明到夏商周文化，从先秦两汉元明清到现代，一项项成果无不向我们昭示这一理念。作为新时代的我们，要深刻领会到劳动是人类的幸福源泉。只有努力奋斗、勤奋劳动，我们才能创造出更加灿烂、美好的未来。

这些年，刘中华获奖无数。2002年，刘中华在深圳第四届职工技术运动会手表装配工比赛上，荣获个人第一名及团体冠军。他拆装两个石英机芯，只用3分钟，可谓是技惊四座；2006年，在全国机械手表维修技能比赛上，他获得个人银奖及团体第二名；2007年，在深圳市百万农民工技能大比武活动中，他获得深圳市技术能手荣誉称号；2016年，他荣获深圳市百优工匠称号；2017年，他成为深圳市劳模。刘中华的"舞台"，就是一个表盘，小得不能再小。但因为具有工匠精神，他的舞台又很大很大。

图1-3-6 调试机芯

（资料来源：搜狐网，有删改。）

话题探讨

有人说劳动就是为了挣钱，养家糊口；也有人认为劳动的意义在于为社会的进步做贡献；还有人说劳动是人自身发展的需要。那么，劳动的价值和意义究竟是什么呢？

劳动具有哪些独特价值和综合育人价值？

延伸探究

1. 陈相道，李良玉，王影.劳动创造美学[M].辽宁：辽宁美术出版社，2016.

2. 杨国华.劳动与人的自由全面发展 马克思的劳动概念及其当代意义[M].上海：上海人民出版社，2015.

3. 中国劳动关系学院科研处.劳动与发展（2012）[M].北京：光明日报出版社，2013.

4. 谷泉，吕品田，陈政.重提手工劳动[M].南昌：江西美术出版社，2009.

5. 陈永志等.劳动价值论的创新与发展研究[M].福州：福建人民出版社，2010.

6. 刘元胜.劳动价值论[M].长春：吉林出版集团有限责任公司，2013.

7. 马克思，恩格斯.马克思恩格斯全集[M].北京：人民出版社，1998.

8. 周建文.体面劳动 和谐劳动关系[M].北京：中国民主法制出版社，2016.

9. 鲍传健.全球劳动治理[M].北京：中央编译出版社，2017.

10. 视频：《劳动铸就中国梦》.

11. 电影：《劳动日》，导演：贾森·雷特曼.

12. 电视剧：《花开时节》，导演：陈胜利.

13. 纪录片：《领袖与我们同劳动》.

14. 纪录片：《地球村日记——从靠天吃饭到长在空气里的蔬菜》.

专题二
掌握技能

掌握技能是高职学生的立身之本，更是他们成长为高素质技术技能人才的基本功。高职学生要掌握的技能有很多，主要有生活技能、职业技能和社会技能。而参加日常生活劳动、生产性劳动和服务性劳动，是掌握生活技能、职业技能和社会技能的重要途径。本专题主要介绍高职学生如何通过参加日常生活劳动、生产性劳动和服务性劳动，来培养和提高生活能力、生产劳动能力、服务劳动能力，更好地适应就业后的工作岗位，实现个人的良好发展和社会服务。

视频
追光少年

2.1 生活技能

一位华裔妈妈用"家务教育法"将三个儿子培养成才：大儿子创建了Twitch，二儿子创办了Cruise公司，小儿子成为一名出色的软件工程师。三个儿子一致认为，他们的成功源于小时候母亲让他们做的家务劳动。母亲分配的家务，培养了他们的责任心、判断决策力、解决问题的能力和执行力。良好的生活技能能帮助大学生更快地适应集体生活。你认为，大学生应该掌握哪些基本的生活技能呢？

【劳动认知】

生活技能是一个人有效地处理日常生活中各种需要的技术和能力。青年学生必备的生活技能主要通过家务劳动实践和学校生活劳动实践来提升。

1. 家务劳动

家务劳动，是指家庭成员在日常的家庭生活中必须从事的无报酬劳动。对青年学生来说，最基本的家务劳动包括烹饪、整理清洁房间、衣物的收纳整理（图2-1-1）等。家务劳动看似平常，却是一项非常有意义的家庭活动。

家务劳动的意义

有益身心健康 家务劳动的过程是肢体和头脑协同活动的过程。清洁、收纳、烹饪等日常家务劳动既需要体力又需要技巧，可以活动四肢筋络，活

图 2-1-1
劳动让家更整洁

跃大脑思维，提高动手能力和解决实际问题能力，有益于身心健康。家务劳动中锻炼出的勤劳之手，可以让人终身受益。

增强责任意识　古语云：一屋不扫何以扫天下？细节看似琐碎，其实折射品质；家务虽然细小，却能培养责任感。2002年，明尼苏达大学的马蒂·罗斯曼教授的研究表明：家长鼓励孩子参与家务劳动，能对孩子的未来施以极为重要的积极影响——培养孩子的责任感，让他们学会设身处地为他人着想，并增强关爱他人的同理心。

提升就业竞争力　大学生通过参与家务劳动，培养了动手能力、独立自主能力、规划能力、解决问题的能力、判断与决策力、执行力，从而有助于提升就业竞争力。日本的近藤麻理惠由于整理家庭内务的能力杰出，成为职业整理师，2015年被美国《时代》杂志评选为"影响世界的100人"之一。

做家务时遵循的原则　家务活并不是简简单单的小事，做家务时，方法要科学，可以遵循以下几个原则：

及时原则　保持干净的秘诀，就是在用过之后马上清洁。油汤滴到灶台上，顺手就用清洁布擦干净；使用完的锅和铲子，马上就清洗出来。家务活刚产生时及时做完，既省时间又省力气。

图2-1-2
做家务勿拖延

分散原则 对很多人来说，做家务是件繁重的工作，是不得不用大块时间集中做的麻烦事。其实，将家务分散来做，每次做一点（图2-1-2），就会比较快地做完，可以降低集中做家务的工作量。

由简到难原则 做家务时，如果开始的劳动难度较大，会产生烦躁心理。我们可以从较为简单的工作入手，比较容易获得劳动成就感。

节约时间原则 做家务时，要注意统筹规划以节省时间。例如，可以先将一些待洗衣物放进洗衣机清洗，利用洗衣机洗衣服的时间再做其他的工作。在清扫时，尽量养成将物品顺手放回原位的习惯。

2. 学校生活劳动

学校生活劳动是指学生在校园内开展的日常性劳动。主要包括打扫宿舍卫生、校园保洁、教学区卫生、绿化美化（图2-1-3）、勤工俭学等。宿舍、教室和校园是我们生活和学习的地方，宿舍卫生和校园卫生需要我们每个人注意清洁和维护。

图2-1-3
劳动教育在校园

某某职业技术学院将春季学期开学第一周设为"劳动教育主题周"，组织学生参加劳动。参加"劳动周"的同学在接受采访时，普遍认为：真正参加到劳动中，才发现打扫卫生、拖地板等事情虽然看起来不起眼，但想做好并不容易。这些劳动都很琐碎繁杂，需要一丝不苟的认真负责精神去对待才能做好。通过这次活动，同学们对劳动有了更深刻的认识，也对人生有了更加深入的思考。学校生活劳动对于我们的大学生活来说不可或缺，有着非常重要的意义。

学校生活劳动的意义

有助于培养正确的劳动观　发展经验和实践证明：劳动教育是培养造就全面发展人才的必要条件，也是基本途径和有效途径。学校生活劳动使学生树立正确的劳动观点和劳动态度，有助于培养学生的劳动技能，使其养成热爱劳动的习惯。

有助于养成良好的劳动习惯　在职业教育发展进入内涵提升、谋求跨越式发展的新时期，通过学校生活劳动，学生可以掌握必备的生活技能和劳动技能（图2-1-4），提高动手能力和实践经验，进一步养成劳动习惯。

图2-1-4
细微之处见精神

增加认知　学生参加学校生活劳动，可以体会到劳动不只是简单的打扫卫生、洗衣清洁，而是可以从劳动实践中感悟劳动教育的意义，用身体丈量物理世界和心灵世界。

培养团队精神　团队精神是团队成员在群体行为中体现出来的意愿、品格和作风，学校生活劳动是孕育团队精神的土壤，学生在校园生活劳动中各司其职，互相配合完成任务，有助于培养其团队精神。

有助于步入社会　通过劳动，学生可以更好地了解社会、走进社会和适应社会，学会关怀社会和尊重差异，为成为合格的社会人、中国公民和世界公民做准备。

学校生活劳动注意事项

校园生活劳动有其特殊性，既要有集体主义观念，服从分配，又要注意安全，规避危险。

服从分配　在参加校园劳动时，要遵守劳动纪律，从集体利益出发，服从分配，认真完成劳动任务。不要拈轻怕重，挑三拣四，敷衍了事。

注意安全　在劳动中，要树立安全意识，根据所处的劳动环境时刻注意保护自身安全，避免滑倒、摔伤、扎伤、触电、坠落等，规避潜在的危险。

【案例品读】

爱做家务有利于创业

创业和做家务有关联吗？这个问题也许很多人都没想过。不过，全球创业周中国站举办的大学生创业论坛发布的一则《上海大学生创业现状调研报告》显示，爱做家务的大学生更有创业热情。因为主动参与家务的大学生往往更有责任感，并且动手能力更强，这两种能力更有利于创业。

本次调研显示，上海大学生的创业热衷程度和参与家务的主动性有显著关联。创业热衷者的家务参与程度总体较高（峰值8分，平均7.39分，满分10分），而创业排斥者的家务参与程度总体偏低（峰值4分，平均3.09分，满分10分）。造成这种关联的主要因素是主动参与家务的大学生往往更有责任感，而且动手能力更强，而这两种能力是创业者必须具备的关键能力，主动参与家务的大学生往往受到父母在家庭责任感上的言传身教。孩子们喜欢以成人作为自己的榜样，当父母自豪而快乐地承担起自己的家庭责任时，孩子也会更愿意承担责任（图2-1-5）。同时，在家务劳动的过程中，孩子获得了解决问题的思考模式和实践方法，这种思考模式

◎案例解析：孩子做家务的过程中，不仅可以提高动手能力、培养责任感，而且可以增强自信心，提高解决问题的能力。做家务对孩子的家庭幸福和事业成功的正面影响是不容忽视的。时下，很多家长为了让孩子不输在起跑线上，给孩子报了各种培训班、技能课，却很少有人意识到做家务活会让孩子受益终身，这不能不让人感到遗憾和无奈。孩子小时候是"小少爷""小公主"，远离家务劳动，长大后也习惯饭来张口、衣来伸手，成为一名"巨婴"，这种现象已经屡见不鲜。青年学生做家务，不仅应该自觉自愿，而且应该高标准高品质。

和实践方法将使孩子受用一生。

这份对上海23所高校、1 075位在校大学生创业现状的调研表明，目前上海大学生的创业热情空前高涨。上海大学生综合创业指数得分达到60.8分，远远高于分界线（50分）。

图2-1-5 做家务好处多

调研表明，"90后"创业者显示出独立的个性。近一半"90后"上海大学生们每个月生活费里都有自己挣的"血汗钱"；有接近一半的大学生认为创业的目的是不想为别人打工。特别值得注意的是，"90后"创业者非常乐意于一人独立创业的模式，在创业形式方面，虽然有51%的有创业意愿的学生希望是以合伙的方式创业，但独立创业的人数也高达42%。

（资料来源：东方网，有删改。）

话题探讨

"断舍离"是由日本杂物管理咨询师山下英子提出的整理观念。"断"即断绝不需要的东西，"舍"即舍弃多余的废物，"离"即脱离对物品的执着。请结合实际，谈一谈你是否愿意将"断舍离"的理念运用到你的家务整理中？你是愿意留着旧物以备废物利用，还是更愿意一扔了之呢？

2.2 职业技能

武汉某职业学院的学生小彭，在距毕业还有半年时，就已经与母校签订协议，将作为实习实训老师在教研室工作，待毕业后再与学校签订劳动合同。一名高职生还未毕业已获母校"抢订"，这是为什么呢？原来他上学时利用实训集训苦练技能，精益求精，大一大二连续两年夺得"湖北工匠杯"职业技能大赛装配钳工赛项第一名，成为湖北最年轻的"钳工状元"，荣膺"湖北省杰出青年岗位能手""湖北省技术能手"等称号。你认为应该怎样做，才能掌握如此过硬的职业技能呢？

【劳动认知】

图2-2-1 掌握技能乃立身之本

职业技能是学生将来实现就业和服务社会经济发展所需要的技术和能力，掌握职业技能是高职学生成为高素质劳动者和技术技能人才的立身之本（图2-2-1）。技能越多，能力越强，越有利于就业，越能适应新时代、新劳动岗位。

职业技能的水平分为初级、中级、高级，由各职业技能鉴定中心按照国家职业技能标准鉴定。

职业技能要在劳动中获取，并且在劳动中得到强化与拓展。我们掌握职业技能的实践途径主要有两个：参加生产性劳动和服务性劳动。

1. 生产性劳动

马克思认为，生产使用价值（包括物质产品和精神产品、有形产品和无形产品）或者生产商品并实现其价值的劳动，就是生产性劳动。那时候生产性劳动以尽可能生产数量更多、质量更高的物质产品并实现其价值为目标。随着社会的发展和进步，人类的生产劳动在不断演进，生产性劳动的范围也在不断变化。在信息化、全球化的今天，生产性劳动不仅体现为体力劳动，还体现为创造性的脑力劳动，尤其是在科学技术不断发展的背景下，未来还会产生更多的生产劳动新业态。

列宁指出："没有年轻一代的教育与生产劳动的结合，未来社会的理想是不能想象的。无论是脱离生产劳动的教学和教育，或是没有同时进行教学和教育的生产劳动，都不能达到现代技术水平和科学知识现状所要求的高度。"[①] 职业教育更是与生产劳动密不可分，我们要积极参加生产性劳动，其意义在于：

掌握职业技能，适应工作岗位 实践出真知，在进行生产性劳动的过程中，学生亲自参与生产环节，把所学理论用于生产，不断应用、理解专业知识，不断学习、掌握专业技能（图2-2-2），获取基本的职

图2-2-2
生产劳动，
锤炼技能

---

① 《列宁论教育》（修订本）. 北京：人民教育出版社1990年版，第26、27页。

业生存能力，有利于学生顺利就业并快速适应就业岗位。

热爱尊重劳动，塑劳动价值观 再低廉的产品，都凝结着心血；再平凡的岗位，都有着高尚的职责。青年学生通过劳动，打造产品，体验工农业生产创造物质财富的过程，体会生产产品的不易，体会平凡劳动的伟大。这既有助于学生懂得热爱劳动、干一行爱一行的道理，也有助于树立劳动不分贵贱、尊重劳动、尊重普通劳动者的观念，有利于学生端正劳动态度，形成正确的劳动价值观。

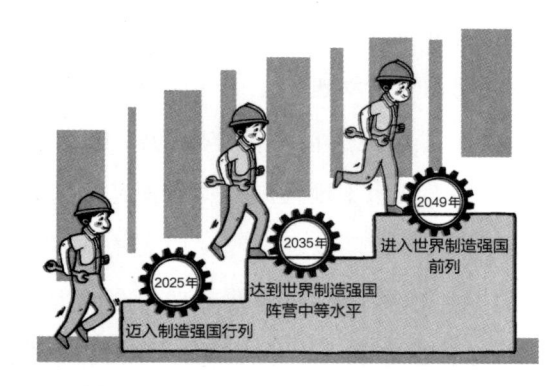

培养创新意识，打造制造强国 "中国制造2025"提出，坚持"创新驱动、质量为先、绿色发展、结构优化、人才为本"的基本方针，通过"三步走"实现制造强国的战略目标（图2-2-3）。

图2-2-3 制造强国"三步走"战略

制造强国的目标不是空中楼阁，质量为先的产品靠的是技能高超的高素质劳动者。因此，人才、创新、技术技能是实现制造强国的重要支撑。高职学生与制造强国的目标同频共振。他们头脑灵活，动手能力强，长期的生产性劳动，不仅有益于技术的精进，也有益于培养其技术革新和技能创新的意识；他们重视新知识、新技术、新工艺、新方法在生产劳动中的应用，创造性地解决生产过程中的实际问题，积累职业经验，磨炼工匠精神，为日后成为大国工匠、能工巧匠奠定职业技能基础，为中国迈入制造强国行列、实现世界强国目标做出应有贡献。

积极参加实习实训 从高职劳动教育的角度来说，学生从事的生产性劳动更多体现为实习实训（图2-2-4）。学生到专业对口的企业单位或者实训车间，在各自的岗位上直接参与生产过程，将所学理论与生产实践相结合，完成一定的生产任务，这是一种体验式、学习式的生产性劳动。其目的是理论联系实际，运用所学专业知识生产出质量合格的产品，练就生存所需的职业技能，顺利实现学校与企业的联通，实现学生职业技能与企业岗位的良好对接。

图2-2-4 实习实训，掌握技能

实习实训场地 校内实习实训基地，校外实习实训基地。

实习实训学习内容 学习并遵守劳动规则，加强对劳动流程、劳动标准、劳动检查等相关制度的学习；掌握专业技能，熟悉多种劳动岗位职责，关注新技术的发展和运用，培养创新意识，拓展职业技能，能适应跨专业的、不断变化的职业劳动任务，为将来步入社会后做一名复合型人才做好准备；通过参与生产过程，体会劳动的辛苦，树立会劳动、懂劳动、热爱劳动的劳动理念；践行并弘扬劳动精神、劳模精神、工匠精神，提升职业核心素养，提高自身的市场竞争力。

实习实训注意事项 严格遵守学校和企业的实习实训要求，听从老师的安排和指导，保质保量地完成实习实训任务；严格遵守规定的作息制度，不得无故迟到、早退或擅自离岗；遵守车间安全规章和实习实训基地安全要求，增强安全防范意识，提高自我保护能力；严格遵守国家法令，自觉遵守社会公德，尊重当地风俗习惯及地域政策，做一名合格的社会公民。

2.服务性劳动

服务性劳动是利用知识、技能、工具、设备等，为企业、他人或社会提供服务，以促进企业发展、国家和社会公共领域事业的发展、个人福祉为目的的活动（图2-2-5）。服务性劳动不直接生产有形的物质产品，不直接创造财富，主要生产使用价值。

图2-2-5 文传学子义务手绘文化墙，为新农村建设添砖加瓦

服务性劳动可以是有偿服务，学生可以凭借自己拥有的知识、技术、设备等服务他人、企业和社会，并获取相应的回报，为自己谋一席生存与发展之地，具有明显的利他性和利己性；服务性劳动也可以是无偿服务，学生也可以从事以服务他人、奉献社会为目的的劳动，具有明显的公益性。

随着信息化时代的发展和经济结构的转型升级，我国服务业快速发展，至今已成为中国经济第一大产业，2019年全国服务业生产指数比上年增长6.9%，第三产业增加值占国内生产总值的比重为53.9%，比上年提高0.6个百分点。服务业快速发展，服务性劳动占比越来越高。由此可见，在当代社会，学生不仅要积极参加生产性劳动，还要参加服务性劳动，不仅要具备生产性劳动技能，还要掌握服务性劳动技能。

学生要积极参加各种服务性劳动，在劳动中锻炼才干，在奉献中培养吃苦耐劳、勇敢担当的品质，才能做到德、智、体、美、劳全面发展，掌握个人必备的生存技能。参加服务性劳动的主要意义在于：

发挥专业特长，练就职业技能 从事服务性劳动同生产性劳动实践一样，也是高职学生练习并掌握生存必备的职业技能的重要途径。学生运用"一技之长"为他人、企业、社会服务的过程，也是在实践中检验所学理论知识的过程，在服务性劳动的实践中运用—反思—运用，精益求精，有利于拓展并提升职业技能，增强生存本领。

服务他人社会，树人生价值观 大学阶段是学生的世界观、人生观、价值观形成的关键时期。学生积极参加义工、社会实践等服务性劳动，在实践中体会并认识"衡量人生价值的重要标准就是服务人民、奉献社会"的道理。积极参加服务性劳动有助于学生树立正确的择业观，养成到艰苦地区工作的奋斗精神；有利于学生树立正确的世界观、人生观、价值观。

乐于吃苦奉献，展现时代担当　青春最美是担当。学生在服务性劳动中锻炼，在服务他人、奉献社会的过程中体会实现个人价值的快乐和自豪，有助于培育其在危难面前积极主动作为的奉献精神，形成不畏艰难、百折不挠、敢于担当的高尚品格，成为有理想、有本领、有担当的时代新人。

积极参加服务性劳动　高职学生利用专业特长，积极参加力所能及的服务性劳动，为企业提供技术支持、劳动服务，为师生、为社会提供义务劳动。比如，为企业特别是中小微企业提供技术研发和产品升级；提供手机、家电、汽车等物品的养护与维修；参加"劳动教育周"的服务劳动；参加校园外义工义演等志愿服务活动（图2-2-6）；参加大学生假期里的"三下乡""四进社区"社会实践活动等服务性劳动。这些服务性劳动不仅能锤炼个人劳动技能，还能服务社会，更好地实现个人价值。

服务性劳动场地　大学生服务性劳动场地不只局限于学校，企业、福利院、乡村、社区都可以是开展服务性劳动的场所。

服务性劳动学习内容　运用专业所长服务他人，并在服务性劳动中积累职业技能，提升个人生存本领；学习并培养到艰苦地区和行业工作的奋斗精

图2-2-6　志愿服务团赴湘西精准扶贫

神,愿意到人民最需要的地方和行业择业;理解空谈误国、实干兴邦的道理,培养踏实肯干的劳动态度;培育公共服务意识,培养面对危机时主动作为的奉献精神。

服务性劳动注意事项 除注意遵守服务性劳动纪律、尊重服务对象、保护自身安全外,服务性劳动尤其要注意保证服务质量和完成服务任务。

【案例品读】

全国劳动模范李辉:高超的职业技能成就创新梦想

李辉,男,汉族,1971年9月出生,南方电网云南电网有限责任公司昆明供电局变电管理二所现场管理专责,高级技师。

爱钻研是李辉的标签。他每周至少有10个小时"泡"在工作室,甚至还在家里设置了实验台,利用休息时间做实验。他研制出把测试夹和测试探针合二为一的组合式测试夹。凭着这股爱钻研的劲头,以他本人名字命名的"李辉劳模创新工作室"于2011年11月22日正式挂牌成立,成为南方电网公司首家劳模工作室,2014年年底,该工作室被中华全国总工会命名为首批"全国示范性劳模创新工作室"。

有人问李辉,哪里来的灵感?我们怎么没想到呢?

技术存在的价值就是让麻烦不再麻烦。前提是需要走心,需要发现,创新才不会停歇。

他发现用别人制作的夹子,只有测试的单一功能。需要探针的时候,首先得放下夹子,再抓起探针,他觉得很麻烦。

于是,一个合二为一的创意诞生了。这个组合式测试夹,获得海峡两岸职工创新成果展金奖,除了取得实用型专利证书,还在实际工作中得到推广应用,尤其在使用员工中受到热捧。

2018年，李辉和他的劳模创新工作室迎来了科研成果的丰收年：电气量同步测量及智能分析仪项目获中央企业熠星创新创意大赛优秀奖，这是李辉工作室掌握的国内领先的核心技术；继电保护二次原理动态模拟仿真系统获第十届全国电力职工技术成果奖二等奖，属工作室独创成果。

如今，李辉劳模创新工作室团队以工匠精神的传承和弘扬为宗旨，培养出多位技术技能专家、岗位技术能手和创新之星，为企业输送了大量人才，成为企业安全生产运行的中流砥柱。团队围绕电网设备安装、投运、检修、技改、缺处等流程，排除15项重大隐患，攻克7项生产技术难题，完成42项创新课题，实现36项专利成果。其中"不停电调电装置""继电保护装置模拟培训系统"等创新成果在省内得到推广应用，累计实现经济效益1 653万元。

他的青春、深情和梦想，都扎根于精益求精、勤勉踏实的事业中。

（资料来源：云岭职工，有删改。）

> ◎案例解析：李辉的案例充分说明，我们不仅要掌握一门职业技能，谋求在社会立足的一席之地，还要崇尚劳动、尊重劳动，用踏实努力、精益求精的劳动态度和劳动精神不断拓展职业技能，追求高超的技术技能，来解决工作中的问题。同时，为适应新时代科技发展和产业变革，大学生还要注意培养科学精神，提高创造性劳动能力，才能在生产性劳动和服务性劳动中成为行业精英，为社会做出更大的贡献。

话题探讨

同其他国家一样，我国多年来也存在着一个诺贝尔难题——企业"用工荒"与大学生"就业难"并存。一边是企业对需要的人才翘首期盼，却遭遇技能人才和普通工人"双短缺"；另一边是大学毕业生怀揣求职信为找工作多方奔走，却又四处碰壁。请问你如何认识并破解这一难题？

2.3 社会技能

某职业学院志愿者到山村开展"大手拉小手"社会服务活动,路程约5公里,同学们骑共享单车前往。村里的小朋友们见到共享单车感到很新鲜,志愿者就和小朋友们分享了共享经济时代的一些知识。同学们,你们参加过哪些社会志愿活动呢?

【劳动认知】

本节通过探究学校义务劳动、社会志愿服务、创新创业等相关内容,引导高职学生正确认知世界、理解社会,训练高职学生形成尊重他人、帮助他人、服务社会的意识,培养、提升其创新创业技能。在新时代、新形势下,高职学生要掌握社会技能,在所处的家庭与学校、工作(实习)环境、乡村与社区等环境做到游刃有余,利用自己的认知与相关技能奉献社会。

1. 学校义务劳动

义务劳动(又称志愿劳动)指不计定额、不要报酬、自觉自愿地为社会劳动(图2-3-1)。学校义务劳动,可以理解为由学校、班级、宿舍、社团等牵头组织,或者学生自发组织,无偿地从事一些力所能及的、有利于校园环境、社区(乡村)环境的劳动。

参加学校义务劳动的动机、需求 在我们的生活中,既有努力向上、自觉奉献的人,也有不想劳动、不会劳动、好逸恶劳的人。参加学校义务劳动,培养劳动意识,学习适应劳动生活,为班级、为学校奉献自己的一份力

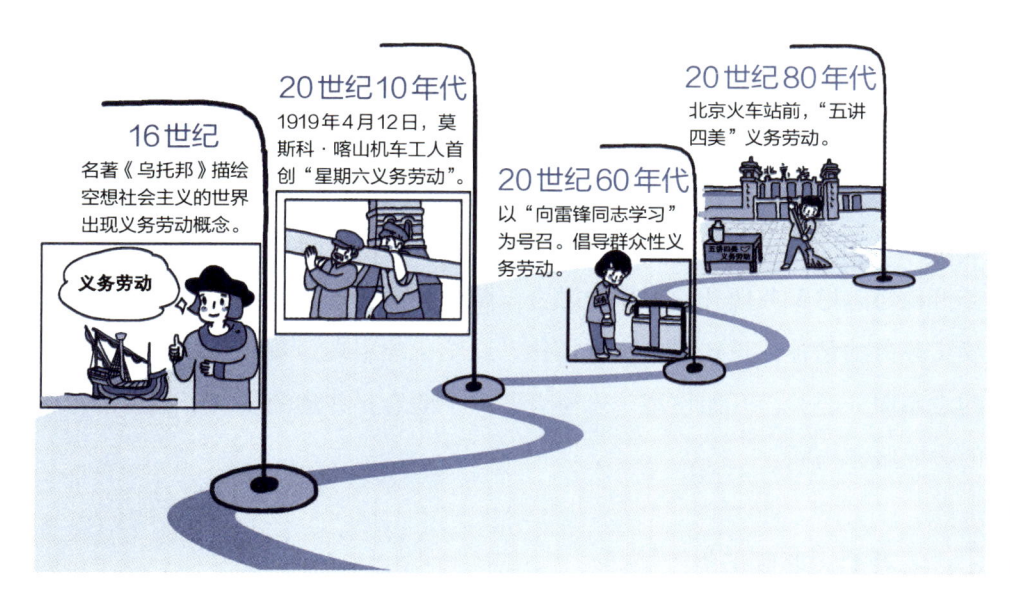

图2-3-1 义务劳动发展时间线

量，是青年学生的动机与需求。只有通过艰苦卓绝的努力，才能早日实现国富民强，这是每一个中国人的愿望，也是高职学生应有的价值观选择。

义务劳动的时间、地点和内容 义务劳动的时间，既可以是上学期间，也可以是假期；劳动的地点可以在校内，也可以在校外；劳动的内容既可以是以体力为主，也可以是以智力为主。比如参与"三下乡"、志愿服务、社区报到等社会实践。在校园里，简单如扫地、擦黑板、清理多媒体讲台等都是有意义、有价值的劳动，有的同学会认真去做，有的不屑一顾，它呈现出不同同学对教室、对校园的尊重与负责的程度。春浇幼苗、夏灭蚊蝇、秋捡落叶、冬扫积雪，同学们参加义务劳动，有助于学会尊重他人的劳动成果，能帮助我们改掉身上的不良习惯。

参加校园义务劳动的意义与价值 参加校园义务劳动，触摸生活，认知公德，有助于提高劳动者素质、培养青年学生劳动精神、激发学生内在生命力。当我们出力流汗、服务同学、服务社会时，可以切实感受到义务劳动所带来的成长以及所创造的丰富价值。参与社区卫生清洁、校园美化，参与环境的整治，在付出劳动的同时，我们收获了内心的满足；参与春天植树造林，不时浇灌和培土，在幼苗茁壮成长的同时，我们的责任感也得到增强。

青年学生与国家同命运、共呼吸。时代在进步，校园义务劳动也在与时俱进地发展，其发展相承相续，与当下的社会志愿服务的制度化相对应，20世纪80年代，社区志愿者出现；20世纪90年代，中国青年志愿者出现，义务劳动与志愿服务便开始了新的融合。随着全球化的发展，现代志愿服务承续义务劳动精神，正式在中国规模化、系统化地出现。我们学习、借鉴国外的志愿服务经验，开始使用"志愿者"这个概念，并逐渐发展了其中国特色的志愿服务内涵。

2. 社会志愿服务

2013年，共青团中央这样定义"志愿服务"："志愿服务是指志愿者不以物质报酬为目的，利用自己的时间、技能等资源，自愿为国家、社会和他人提供服务的行为"。随着志愿服务的发展，国家也在逐步研究、规范相关政策法规。2017年国务院颁布中国首部志愿服务行政法规《志愿服务条例》，其中界定，"志愿服务，是指志愿者、志愿服务组织和其他组织自愿、无偿向社会或者他人提供的公益服务"。

志愿服务以德为先 商殷墟甲骨文是汉字之源，此时初现"德"的甲骨文字，西周青铜器常见"德"的金文文字，这个"德"学者们解读为十字路口一只正直的大眼睛看人走正道、做正事，指人的行为、精神、价值观层面直行正道（图2-3-2）。"仁者爱人""仁义礼智信"等理念传承至今，与之一脉相承，尊老爱幼、礼义担当、互帮互助的善行义举也是中国的志愿服务理念。

图2-3-2 汉字"德"的演变

志愿服务与志愿者　志愿服务，遵循自愿、无偿、平等、诚信、合法的原则，提倡奉献、友爱、互助、进步的精神，根据实际情况有不同的分类。志愿者是怀有慈心善念，且知行合一、无偿提供志愿服务的人（图2-3-3）。

参加志愿服务的动机、需求　参与者动机多元、综合，与个人的价值观追求、个人与社会的需要、心理素质的锻炼与提升、职业技能经验的学习与成长等有关。

图2-3-3　中国青年志愿者

踏实实践，涵养美德。学生践行社会志愿服务，希望展现实践能力，感受劳动精神；在大灾大难面前涵育公共服务意识和奉献精神；通过到社区、福利院及其他社会场所进行志愿服务，期待得到知识的更新、技能的提升和美德的修习。

互助进步，行有痕迹。《志愿服务条例》中规定，高等学校、中等职业学校可以将学生参与志愿服务活动纳入实践学分管理，所在省区的志愿服务网可以记录时长。与此同时，《深化学校共青团改革的若干措施》明确参与"三下乡"、志愿服务、社区报到等社会实践表现，可以作为"第二课堂成绩单"记入学生的成长档案，留下其成长痕迹。

参与志愿服务的类别和路径　共青团中央在《中国注册志愿者管理办法》中界定志愿服务类别有扶贫济困、助老助残、社区服务、生态建设、大型活动、抢险救灾、社会管理、文化建设、西部开发、海外服务等（图2-3-4）。2019年，全国大中专学生志愿者参加的暑期文化科技卫生"三下乡"社会实践活动很多是公益实践，志愿者深入农村、社区等基层一线的公益性岗位，开展服务群众的工作。2020年，在疫情防控常态化形势下，大

图2-3-4
走进志愿服务

学生"三下乡"社会实践工作继续开展，重点包含5个方面：助力疫情防控和复工复产；投身打赢脱贫攻坚战；参与乡村振兴战略实施；参加新时代文明实践志愿服务；开展返家乡社会实践。这些都是青年学生参与志愿服务的优选路径。高职学生应积极参加社会实践和志愿服务，借助参与"三下乡""返家乡""志愿服务"等项目活动，形成生命个体与现代社会新的连接，获得新的成长路径、进步渠道和展示舞台。

参与志愿服务的意义与价值 参与实践，修德明辨。劳动教育是苏霍姆林斯基教育思想的重要组成部分，"离开劳动不可能有真正的教育"，志愿服务是社会实践，是劳动教育的重要载体之一，在志愿服务过程中，个体素质得到全面锻炼与提升。诚信利人，创造幸福。社会志愿服务是能给人们带来幸福感的劳动。习近平总书记说"幸福是奋斗出来的"，处于现实世界中，不同的幸福观会有不同的幸福追求。大学生要能把握自己的优势，诚实劳动，以自己的技能专长造福他人，获得他人尊重。从事社会志愿服务，可以实现个体幸福与社会幸福的和谐统一。

3.创新创业

自2014年"大众创业，万众创新"的理念提出后，创新创业就与我们的学习生活息息相关。创新创业是面向全体学生，融合每个专业、每个课程所需要的必备技能的一门课程，提高学生的创新创业能力有助于提高学生适应社会的能力。

创新创业是基于某一点或者几点的创新进行的创业活动，主要包括：技术创新、服务创新、文化创新、品牌创新等。创新是创新创业的特质，创业是创新创业的目标。

新时代的创新创业技能 新时代的创新创业技能主要有两种：数字化技能（图2-3-5）和绿色技能。数字化技能是采用现代化数字、数据信息进行的创新创业技能。绿色技能是实现人与自然和谐发展、实现可持续发展的技能。

图2-3-5 新时代创新创业

创新创业学习的意义 提高创新意识。创新精神和创业意识是当前大学生必须具备的重要的个人素质，劳动教育的价值引导有助于大学生树立正确的创新创业意识。大学生具备实现自我价值的强烈的创新创业意识，更能促进他们通过劳动实现人生价值，激发和提升其劳动创造力和创新创业能力，从而创造出劳动价值，实现个人价值。

提高理论与实践协调发展。劳动教育的内容具有实践性特点，而创新创业教育从根本上说是劳动实践。在创新创业实践过程中，课内教学实践、课外活动实践、校外实习实践、向榜样学习等多种形式，可以培养学生的创新精神、创业意识和创新创业能力，增强学生掌握数字化技能意识、绿色发展理念与技能意识，提升其劳动能力。

随着新的数字化技术（信息通信技术、人工智能、机器人技术等）的应用，人们的生活、工作和学习方式被大大改变。高职学生是我国创新创业发展的重要力量，为了适应将来工作中所需要的数字化技能，高职学生更应加强数字化技能的学习，以提高自己将来所需要的技能组合。

党的十九大报告指出，"加快建设制造强国，加快发展先进制造业，推动互联网、大数据、人工智能和实体经济深度融合，在中高端消费、创新引领、绿色低碳、共享经济、现代供应链、人力资本服务等领域培育新增长点、形成新动能"。因此，提高职业院校创新创业发展、提高创新创业人才培养能力，打造"1+X"基础上的双创教育是现在职业院校所面临的紧急任务。新时代的劳动教育与创新创业的融合发展为职业院校人才培养提供了重要的契机。

【案例品读】

"蚂蚁森林"获"地球卫士奖"

联合国环境署（UNEP）公布了2019年度地球卫士奖，支付宝"蚂蚁森林"作为唯一的中国项目入选（图2-3-6）。据了解，"地球卫士奖"是联合国最高级别的全球环境奖，由联合国环境署于2005年设立，以表彰对全球环境产生变革性积极影响的杰出人物或机构。

支付宝"蚂蚁森林"是用户通过积累日常生活中的绿色低碳生活能量，每养成一棵虚拟树，蚂蚁森林和公益伙伴就会在荒漠化地区种下一棵真正的树（图2-3-7）。截至2019年8月，5亿用户累计碳减排792万吨，在荒漠化地区种树1.22亿棵。党的十八大以来，随着绿色发展理念的普及和实践，中国成为世界生态环境保护的

图2-3-6
"蚂蚁森林"获"地球卫士奖"

图2-3-7
支付宝手机种树

重要参与者、贡献者和引领者。年轻人作为支付宝的使用者，通过参与蚂蚁森林、阿拉善SEE公益基金会发起的"一亿棵梭梭"等活动，目前已经在荒漠化地区种下8 000万棵树，相当于一个香格里拉的面积，近四成能量由"95后"贡献。截至2019年8月，内蒙古义务植树基地增至3 700多个，面积达650多万亩[①]，为建设祖国北方重要生态屏障奠定了基础。

◎案例解析：无论是狭义的绿色技能，还是互联网时代、信息化时代应对未来社会变化所需的广义的绿色技能，在这个案例里都留有了印记。绿色技能为我国生态建设做出了重要贡献，充分证明了拓展技能对当代大学生来说是多么重要。

（资料来源：新华网，有删改。）

话题探讨

"中国教育现代化2035"中提到"弘扬劳动精神，教育引导学生崇尚劳动、尊重劳动、树立依靠辛勤劳动创造美好未来的观念。强化实践动手能力、合作能力、创新能力的培养"。有的大学生有创业之心，能吃苦有干劲，但缺乏创新创业的技能；有的大学生有创新创业的技能，但是不愿意吃苦，缺乏创业的勇气。作为新时代大学生，你如何看待这一现象？

---

① 1亩约等于666.67平方米。

延伸探究

1. 姚金芝.烹饪基本技巧[M].石家庄：河北科学技术出版社，2014.

2. 山下英子.家事断舍离[M].贾耀平.译.长沙：湖南文艺出版社，2019.

3. 逯薇.小家，越住越大（共三册）[M].北京：中信出版社，2019.

4. 胡鞍钢.中国创新绿色发展[M].北京：中国人民大学出版社，2012.

5. 刘向兵.新时代高校劳动教育论纲[M].北京：社会科学文献出版社，2019.

6. 曾天山，顾建军.劳动教育论[M].北京：教育科学出版社，2020.

7. 丁元竹，等.中国志愿服务研究[M].北京：北京大学出版社，2007.

8. 王飞，徐继存.三类劳动的划分依据及其育人价值[J].人民教育，2020，（08）：15-18.

9. 纪录片：《大国工匠》.

10.《中国注册志愿者管理办法》.

11.《志愿服务条例》.

专题三
传承精神

一切物质和精神财富的创造都离不开辛勤的劳动。劳动精神是成为合格劳动者的基础，工匠精神是成为优秀劳动者的核心竞争力，劳模精神则是广大劳动者学习的风向标。大力弘扬劳动精神、工匠精神、劳模精神，建设知识型、技能型、创新型劳动者大军，要求我们不仅要成为自食其力的劳动者，更要成为优秀的劳动者，成为社会进步的贡献者，从而为加快实现中华民族伟大复兴的中国梦和建设社会主义现代化强国奉献自己的一份力量。

视频
扇与承——
非遗手工制扇的"后浪"故事

3.1

劳动精神

"互联网+"以及人工智能的发展，使得人们可以从很多"日常劳动"中解放出来。动动手指，美团外卖很快就会送餐；发布语音指令，机器人就可以帮我们擦地。有人说，随着产业结构变化、社会分工细化，劳动的内涵和外延有了明显变化，劳动离我们已经越来越远了。对这种说法，你怎么看？

【劳动认知】

劳动推动了人类社会进步，创造了人们的幸福生活。劳动精神是每一位劳动者为创造美好生活而在劳动过程秉持的劳动态度、劳动理念及精神风貌。劳动精神要求一名合格的劳动者应展现出热爱劳动、勤俭劳动、诚实劳动以及进行创造性劳动的精神面貌。

1. 热爱劳动

热爱劳动就是要爱岗敬业（图3-1-1）。"爱岗"的价值在于"做事"，"敬业"的意义在于"奉献"。我们应尽其所能爱岗敬业，创造属于自己的小幸福，实现自己的人生价值。

图3-1-1 热爱劳动，爱岗敬业

劳动是财富的源泉，也是幸福的源泉　劳动满足了人们对于温饱的需求，也提升了生活品质，更缔造了人类的幸福。从两弹一星到嫦娥探月，从第一艘潜艇到蛟龙入海，从杂交水稻到基因组芯片，从第一代计算机银河到今天的互联网大数据，这是无数劳动者爱岗敬业、辛勤劳动的成果。没有挥洒过劳动的汗水，没有体会过劳动的艰辛，就很难真正理解劳动的内涵、珍视劳动的价值。清洁工人爱岗敬业，换来了我们生活环境的干净美丽；产业工人爱岗敬业，换来了企业不断发展，为富民强国提供了雄厚的物质基础……我们应尽其所能爱岗敬业，在平凡的岗位上做出力所能及的贡献。

干一行爱一行　热爱劳动，兢兢业业地做好本职工作，干一行爱一行是一种优秀的职业品质，是我们应该遵从的基本价值观，是一种明智的人生选择和追求。一个人能否脱颖而出，固然需要他的能力突出，更需要他的态度积极。雷锋一生不愧为一个永不生锈的"螺丝钉"。无论在何种岗位，他总是干一行、爱一行、钻一行。在农村，他是优秀拖拉机手、治水模范；在工厂，他是标兵、红旗手、先进工作者；在部队，他是"节约标兵""模范共青团员"，多次立功受奖。无论是当公务员，还是当工人和军人，他都脚踏实地、兢兢业业。工作在哪里，就在哪里发光发热，竭尽所能为国家、为社会创造财富。"干一行爱一行"告诉我们要有百折不挠的精神，一个人要达到事业、人生的顶点必定要经历一系列的磨难。每克服一个困难，自身的水平就上升到一个新的高度，同时距离成功就又近了一步。

热爱劳动，热爱生活　劳动精神是美好生活的原动力。我们的幸福生活离不开父母的劳动，更离不开工人、农民、警察、教师等各行各业劳动者的辛勤劳动。任何人的劳动，都理应受到称赞；任何人的劳动，都应该得到尊重。让我们养成良好的习惯，去爱惜和尊重他人的劳动成果，为创造更加美好的生活而砥砺前行。

2. 勤俭劳动

勤俭劳动，主要表现为努力创造物质和精神财富，朴素节约，珍惜劳动成果。勤劳节俭是中国人最基本的道德规范之一，无论从国家、社会还是个人层面，都应该是人们的精神追求。

劳动是幸福的左手，节俭是幸福的右手　我国劳动人民在长期的实践中懂得了勤劳与节俭的辩证关系，他们既能吃苦耐劳，又能克勤克俭。勤劳与节俭是一对孪生兄弟。老子在《道德经》中说："俭，故能广。"在《论语》中，孔子也认为奢华就会显得不谦逊，节俭则会显得朴素。正是在这种传统美德的滋养下，才构筑了生生不息、源远流长的华夏文明。纵观历史，大到邦国，小到家庭，无不是兴于勤俭，忘于奢靡。勤劳节俭的精神也是中华民族屹立于世界民族之林的核心竞争力。

以勤劳战胜懒散，以节俭遏制奢靡　勤劳节俭包括努力工作和节约用度两个重要方面。勤俭代表一种生活态度，一种价值观，一种忧患意识。勤俭自强是社会主义公民基本道德规范之一。提倡勤俭的美德，对发展经济、开源节流以及提高全民族的道德水平有着重要的意义。随着科技的发展，物质生活水平的提高，一些人逐渐丢失了勤俭节约的优良传统。白天明亮的教室里非得开灯，洗手间的水龙头"细水长流"，计算机永远处在待机状态。他们没有体会过劳动的艰辛，也很难真正理解劳动的内涵、珍视劳动的价值。毛主席说，贪污和浪费是极大的犯罪。"光盘行动"唤起了人们爱惜粮食、反对浪费的意识，弘扬了中华民族勤俭节约的优良传统，也培育了新的生活观、消费观。习近平总书记一直提倡"厉行节约、反对浪费"的社会风尚，多次强调"勤俭是我们的传家宝，什么时候都不能丢掉"，并常常以实际行动率先垂范。习近平总书记在中央农村会议上举例说，媒体报道，一所大学食堂垃圾桶经常有白花花的馒头和米饭，清洁工看着心痛，捡起来再吃，这方面例子不在少数，一些大学食堂成了浪费粮食的"天堂"，触目惊心！我们应该树立劳动光荣、浪费可耻的理念，要坚持勤俭办一切事业，坚决反对讲排场比阔气，坚决抵制享乐主义和奢靡之风。只有通过不懈的努力、艰苦的打拼，既勤劳又节俭，方能创造财富，享有财富。

勤俭劳动从青少年做起 国内外大量的调查研究证明，童年养成劳动习惯，长大后更可能具有责任心，也更容易适应家庭生活和职场工作的需要，而不爱劳动的人恰恰相反。新时代青少年是建设社会主义现代化强国、实现民族复兴伟业的主力军。但因出生在物质生活比较丰富的时代，当代青少年的勤俭劳动精神有所缺失。这就要求我们必须从现在做起，学会劳动、学会勤俭、学会感恩、学会助人，立志成长为德智体美劳全面发展的社会主义建设者和接班人。

3.诚实劳动

诚实劳动是辛勤劳动的表现，也是创造性劳动的前提。我们崇尚劳动、尊重劳动，更要正确地付出劳动、从事劳动。以诚为先、以诚为重、以诚为美，才是劳动应有之义。人世间的美好梦想，只有通过诚实劳动才能实现；发展中的各种难题，只有通过诚实劳动才能破解；生命里的一切辉煌，只有通过诚实劳动才能铸就。

普通人的劳动有尊严，平凡的劳动有价值 法国著名社会学家阿兰·图海纳指出，"劳动既是一种行动，也是一种境遇，是一种把自己的标准取向引向自我的实在性"。劳动不仅可以创造价值，也是人们实现自我认同和社会认同的一个过程。每个人都可以是"平凡英雄"。在平凡的岗位上坚守，就能造就"不平凡"；在普通人的位置上努力，也能变得"不普通"。劳动创造了产品，创造了美，创造了社会，创造了自己的生活，也创造了他人的生活。2019年"五一"国际劳动节前夕，武汉市表彰了97位产业工人、56位专业技术人员、25位科教人员和20位农民工。"快递哥"喻佑军是这次受表彰的人员之一。从事了16年的快递工作，喻师傅练就了一套收件、扫描、打包、装袋、分拣、派送的高超本领，获得同行们交口称赞。像"快递哥"喻佑军一样，努力干活，勤劳打拼，养活一家人，这也是千千万万普通人的生活状态。千千万万普通人通过劳动养活自己和家庭，从劳动中获得生存的权利，获得尊严。通过劳动，我们定义自己的社会坐标，并由此获取社会价值和他人认同。

以诚为美、以诚为先、以诚为重 诚实劳动，是每一个劳动者尽己所能的劳动，是每一个劳动者内心与言行一致的最好诠释。诚实劳动，是每一个劳动者朝着同一个梦想而努力奋斗，是每一个劳动者为了美好明天而真诚地付出。中华人民共和国成立以来，我国涌现出一批被历史所铭记的实干家：有生前两次赴藏，为西藏的建设、发展和稳定做出突出贡献的孔繁森；有在邮政事业战线上兢兢业业、任劳任怨，表现出坚定的信念和追求的王顺友；还有"铁人"王进喜、"两弹元勋"邓稼先、"白衣圣人"吴登云、"杂交水稻之父"袁隆平……这些响当当的时代劳模，都是诚实劳动的代表。建筑工地上挥洒汗水的工人，田野里辛勤耕种的农民，严寒酷暑下指挥交通的警察，三尺讲台上讲授知识的教师，埋首实验室苦心钻研的科学家……新中国七十余年的辉煌成就，就是他们用诚实的劳动铸就的；共和国的坚实大厦，就是他们用一砖一瓦砌成的。没有诚实的劳动，就没有创新创造；没有诚实的劳动，就没有我们今天的幸福生活。诚实劳动，是创造"中国奇迹"的源泉和动力，是迎接挑战、战胜困难的法宝利器，是焕发劳动热情和创新活力的基础，是走向幸福生活的必由之路（图3-1-2）。

靠自己的劳动生活才最踏实 "空谈误国，实干兴邦"，实干首先就要脚踏实地地劳动。1985年，海尔集团创始人张瑞敏收到一封用户来信，信里说厂里电冰箱的质量有问题。张瑞敏立刻带人检查了仓库，发现仓库里的400多台冰箱竟然有76台不合格。有人说，冰箱只是外部划伤，便宜点儿卖给工人。那时候，一块钱能买十斤白菜，一斤多花生油，六两猪肉。一台冰箱两千多元，是一个工人三年多的工资。就算这样，冰箱依然供不应求。张瑞敏却在全体员工大会上宣布，要把这76台不合格的冰箱全部砸掉，而且要生产冰箱的人亲自砸。张瑞敏说："过去大家没有质量意识，所以出了这起质量事故。这是我的责任。这次我的工资全部扣掉，一分不拿。今后再出现质量问题就是你们的责任，谁出质量问题就扣谁的工资。"海尔砸冰箱这件事，砸的不仅仅是冰箱，更重要的是砸掉了旧的思想、观念，赢得了客户的信任，造就了知名品牌。可见，只有通过不断否定自己、挑战自己，才能不断创新发展。任何时代，任何社会，社会财富的增长主要来源于诚实劳动。每个诚实劳动的人都应该受到尊敬，每个踏实做人的人都应该得到尊重（图3-1-3）。

图3-1-2 辛勤劳动

图3-1-3 崇尚劳动，尊重劳动

4.创造性劳动

我们在倡导辛勤劳动、诚实劳动的同时，也强调创造性劳动。创造性劳动不仅需要辛勤、诚实，更需要创新，即通过技术、知识、思维革新，更好地实现自主劳动，提升劳动效率，创造更多财富。

实干与创造并重　"实干"与"创造"，在习近平总书记的"劳动观"中是相辅相成的：一切劳动，无论是体力劳动还是脑力劳动，都值得尊重和鼓励；一切创造，无论是个人创造还是集体创造，也都值得尊重和鼓励。美好生活需要靠劳动去创造（图3-1-4）。南泥湾的开荒、黑土地的耕耘、超级稻的攻关，把浩瀚原野变成万顷良田，让十几亿中国人把饭碗牢牢端在自己手里。华为中兴的探索、南车北车的突破、北京中关村的创新创业，推动"中国制造"不断迈向"中国创造"。新中国的劳动者中既有"出大力流大汗""苦干加实干"的劳动模范，又有知识型、专业型、技能型、创新型的先进典型，他们的事迹在历史发展的长河中画上了浓墨重彩的一笔，他们身上所体现的劳动精神始终熠熠生辉。社会主义事业大厦是靠一砖一瓦砌成的，人民的幸福是靠一点一滴创造得来的。

图3-1-4
美好生活需要靠劳动去创造

以劳动托起中国梦 实现从"中国制造"向"中国创造"的跨越，归根结底要靠高素质的劳动者大军。要树立"三百六十行、行行出状元"的科学人才观，要广泛开展劳动竞赛、技术比武和岗位建功活动，引导广大劳动者热爱岗位、提升技能，焕发创新活力、释放创造潜能，为劳动托起中国梦做出新贡献。宏大的中国梦，需要无数最平凡的人尽自己最大的努力兢兢业业地筑造。必须牢固树立劳动最光荣、劳动最崇高、劳动最伟大、劳动最美丽的观念，崇尚劳动，造福劳动者，进一步激发亿万人民的劳动热情，通过劳动创造更加美好的生活。只有坚定理想信念，练就过硬本领，不忘初心，牢记使命，勇于担当，艰苦奋斗，才能站上新时代的舞台，才能为振兴家园贡献出青春与力量。这条振兴路上少不了青年奋斗的足迹，我们要争做有理想、有本领、有担当的新青年，共同创造更加美好的未来。

【案例品读】

敢为人先，特别能创业的温州精神

人们总是只看到温州人富裕的一面，却并不理解和明白温州人是怎么得到这些的，不清楚温州人是付出多少汗水换来的幸福生活。那么，敢为人先，特别能创业的温州精神是什么呢？我们来看几位温州企业家的经验与感悟。

在大连的15年，成就了一个温州青年吴云前神奇的财富成长故事。他总结的成功秘诀就在于：一直在坚持做一件事情。他说："温州人从来不认为什么生意小，纽扣小吧，打火机小吧，但是温州人就把这些小生意给做大了。"吴云前曾开过服装店，做过纺织品贸易，经营过服装、餐饮，现在从事商业地产开发。这些年他跨越了很多行业，他总是在熟悉一个领域后，又去尝试进入新的领域。保持创业的激情，不断尝试新的领域，可能就是他所说的"一直坚持的一件事情"。青岛玉环灯具装饰有限公司董事长吴可福认为，"做生意要从小处着手，钱要一分一分地赚，这是我们起家的拿手好戏，也是我作为一个温州人在青岛成功的奥秘"。西班牙温州同乡会副会长李欣瑜认为，"做任何事，都得从小做起。一步登天的事是不可能的"。华通机电集团董事长李成文总结说，"成功始于足下，把每一桩平常的事情都做好就是不平常"。

◎案例解析：温州人具有白手起家、艰苦奋斗的创业精神，能把小生意做成大市场。敢为人先，特别能创业的温州精神就是白手起家、艰苦奋斗的创业精神；不等不靠、依靠自己的自主精神；闯荡天下、四海为家的开拓精神；敢于创新、善于创新的创造精神。

话题探讨

某企业家在孩子年幼时，就开始锻炼其经商意识。让他们参加董事会议，对公司的政策发表意见。后来，两个孩子以优异的成绩在名校毕业，他却让孩子们白手起家，自己去拼搏。两个孩子靠自己的能力克服种种困难，最终成长为商界精英。对于这种培养方式，你怎么看？

3.2 工匠精神

手表几乎已成为瑞士的某种象征。手表为瑞士不仅带来了无尽的商机，也为瑞士带来了莫大的荣誉。瑞士钟表业拥有许多发明和世界纪录：第一只手表、第一只石英电子手表、第一只防水手表、世界上最薄的手表、世界上最小的和世界上最昂贵的手表，等等。那么，瑞士能够始终将"钟表王国"的桂冠牢牢地戴在自己头上，使得"钟表王国"屹立不倒的秘诀到底是什么呢？

【劳动认知】

工匠精神是一种职业精神，是职业道德、职业能力、职业品质的体现，是从业者的一种职业价值取向和行为表现。它可以概括为：坚守执着、精益求精、专业专注、追求卓越。工匠精神是成为优秀劳动者的内在驱动力，也是优秀劳动者核心竞争力的体现。

1. 坚守执着

伟大出自平凡，英雄来自人民。平凡的人默默扎根基层，秉持工匠精神，勤于学习，努力工作，用平凡的方式诠释自己对工作的执着、对岗位的热爱、对事业的奉献，在坚守中演绎精彩人生。

平凡中的坚守 平凡的岗位，平凡的人生，没有令人羡慕的财富、权力和荣誉，也没有一劳永逸的舒适和自在，只有爱岗敬业、真诚奉献、脚踏实地，认真做事的朴素情怀。现实社会中有一些人由于功利和短视，排斥平凡，吝惜付出。他们虽然想有个好收入，却不愿干累活苦活；他们太想干成一件事，却不屑从小事做起；他们总想成名成家，却总是不能坚持，半途而废。海尔集团创始人张瑞敏说过：坚持把简单的事情做好就是不简单，坚持把平凡的事情做好就是不平凡。所谓成功，就是在平凡中做出不平凡的坚持，做好眼前的每一件小事。只有坚守、奉献、奋斗，才能用平凡生活里的点滴成果缔造出不平凡的人生意义和社会价值。

做一个匠人，修一颗匠心　匠人，就是一群不忘初心的普通人。匠人做事，有板有眼，一丝不苟。匠人体现出一种特定的态度和精神。"匠人精神"是一种情怀、一种力量，也是一份坚守、一份责任。匠人热爱自己的工作，不计得失，心甘情愿，并凭借这种热爱来激发活力和创造力，找到自我的价值感和存在感。匠心就是用心，是一种负责到底的意识。在我们的生活中，行业虽然千差万别，但每个人都可以努力尝试成为自己工作中的"匠人"。我们不管从事什么工作，都要用心。要让自己比过去做得更好，比别人做得更用心。做一件事，坚持到底，能做事，做成事，才是匠人的价值所在。唯有做到以技养身，以心养技（图3-2-1），才能存一颗匠心，去做事、去生活，专注、自在。

图3-2-1 以技养身，以心养技

不忘初心，方得始终　工匠精神，是一种心无旁骛、坚如磐石、锲而不舍的人生追求和精神品格。提到工匠精神，人们的第一反应往往是瑞士、德国、日本等国家的制造业，以及这些国家控制误差不超毫秒的钟表匠，仅拧各种螺丝就要学习几个月的工人，还有那些捏寿司都要捏成极致艺术品的手艺人。随着经济全球化的到来，市场竞争越来越激烈，中国人的消费观念也正在由"生存消费"转向"品质消费"，中国比任何时候都更需要"工匠精神"。"守初心、担使命",发扬工匠精神是当今中国经济转型发展的必要条件。它将引导中国从低端制造的泥淖中走出,淘汰落后重复产能,加强技术创新,通过"增品种、提品质、创品牌",提升中国制造业的整体水平与形象。坚守平凡岗位和秉持一丝不苟、精益求精的工作态度,对推动我国由制造业大国向制造业强国的跃升,使"中国制造"成为"中国创造",真正实现中华民族的伟大复兴,都具有重要的现实意义。只有不忘"工匠精神"初心,方得"制造强国"始终。

2. 精益求精

一提到工匠精神,有同学就联想到木匠、铜匠、铁匠、石匠、篾匠等。其实不然,锲而不舍,以极致的态度对自己的产品进行精雕细琢,精益求精的精神才是工匠精神。工匠精神是从这些工匠身上体现出来的对设计独具匠心、对质量精益求精、对技艺推陈出新、为创作不遗余力的精神。

古代的工匠精神 从人类最初的农用工具以及火的发明,再到后来的四大发明等,中国古代涌现出很多能工巧匠,创造了许多令人骄傲的工具。他们倾注于一双巧手,匠心独运,巧夺天工,创造出令西方仰止的古代科技文明。古代的工匠精神主要表现为"口传心授"的师道精神、产品制造过程中的制造精神、智慧与灵感集合的创造创业精神、知行合一的实践精神等。古代的"中国制造"远近闻名。早在西周时期,我国就已设立了"百工制度"。韩非子《五蠹》一文中提到了最早造房子的有巢氏、最早钻燧取火的燧人氏。木匠鼻祖鲁班,生活在春秋末、战国初,出身于世代工匠的家庭。他能创制"机关备制"的木马车,也能发明曲尺、墨斗、刨子等木作工具。"庖丁解牛"是《庄子·养生主》里的一则寓言故事,讲的是庖丁为梁惠王宰牛,技艺到了炉火纯青的地步。社会进入后工业时代,一些与现代生活不相适应的老手艺、老工匠逐渐淡出日常生活,但工匠精神永不过时(图3-2-2)。尊重工匠的劳动,以良好的环境催生新时代的工匠精神,才能真正做出匠心独

图3-2-2
中国古代的能工巧匠

图3-2-3
精益求精

运、经得起时间检验的作品，才能使"工匠精神"绽放异彩。

工匠精神的精髓 工匠精神代表的是一丝不苟、精益求精的工作态度，追求孜孜不倦、精雕细琢的职业精神。精益求精，指把一件产品或一种工作，做得更好，达到极致（图3-2-3）。精益求精的品质精神是工匠精神的核心，一个人之所以能够成为"工匠"，就在于他对产品品质不懈的追求。西方"工匠精神"的核心是"标准化"。在德国、瑞士等制造业发达的国家，工匠精神是制造业的灵魂。一辆奔驰轿车、一把瑞士军刀，无论价值多少都会被匠人们精工细作、精雕细琢，不允许出现质量瑕疵。丰田汽车工厂的螺丝工在一个工作岗位上一干就是几十年，正是这种一丝不苟的工匠精神和追求细节的企业文化造就了世界最大的汽车生产厂家。

智能工业时代，同样需要工匠精神 "互联网+"时代的来临，数控和智能化已经深入企业生产中的每一个环节。如今，保时捷的工厂已经实现了工业4.0，一些工作有100%全自动的解决方案。但是，大部分的工作依然是手工作业，技师依然无可取代。例如，一款保时捷911的引擎有250个部件，几乎都由工人手工组装而成。一个训练有素的技师在精确度上可以不逊于机器，但工人的灵活性机器却根本达不到。智能化的自动机械也许能带来更高的生产效率，却永远无法替代工匠那灵巧的双手，不能给产品注入别具一格的匠心；也许能够代替工匠完成重复的体力劳动实现标准化生产，却不能代替工匠们的思考与创新。中国制造企业面临提升供给质量，进一步打造品牌竞争力的时代新考验。时代需要智能制造，中国需要越来越多的企业重视工匠精神，涌现越来越多的工匠人才。目前，中国制造业转型发展的关键就是培养对产品和服务追求极致的匠人，用工匠精神生产工匠产品、打造中国品牌，助推经济转型和产业升级。作为职场人，只有传承和发扬工匠精神，在平凡岗位上孜孜以求，追求职业技能的完美和极致，才能使"中国制造"更加精彩（图3-2-4）。

图3-2-4 智能制造需要工匠精神

3.专业专注

不要博而泛，要精而专 爱默生说：专注、热爱、全心贯注于你所期望的事物上，必有收获。我们只需找到自己擅长的领域，然后专注于它们并尽力做到最好，一定会达到想要的结果。在这个社会分工越来越细、专业领域越来越精的时代，如果一个人把自己的精力分散开来，那他是不可能收获成功的。我们这个时代的成功者是那些在自己的领域无所不知，对自己的目标坚定不移，做事精益求精、专心致志的人。我国正处在从工业大国向工业强国迈进的关键时期，急需培育和弘扬严谨认真、专业专注、追求完美的工匠精神。任何时候，独特、精湛、娴熟、高超的技艺，都是一个人或者一个组织的立足之本和创新发展的动力，甚至是核心竞争力。

锲而不舍、全力以赴 锲而不舍是一种精神（图3-2-5），一种信念，是新时代年轻人最根本的素养。在各项工作中难免遇到各种问题，要想不打折扣开展工作，就要把锲而不舍当作毕生信念。意大利有一部分手工匠人热

图3-2-5 锲而不舍的工匠精神

爱传统手工，坚信纯手工缝制的西服无法通过工业流程复制。正是这种"反科技"和坚守的匠人精神，让他们的服装成了"奢侈品"。在全球十大顶级男装品牌中，意大利品牌占八席。这就是工匠精神的体现，也是工匠存在的意义。做任何事情切忌半途而废，眼高手低，捡了芝麻丢了西瓜。只有把有限的生命和精力投入到既定的目标中，坚忍不拔，锲而不舍，才有可能达到自己的目标。

走"专特优精"发展道路 2016年4月，工信部印发《制造业单项冠军企业培育提升专项行动实施方案》（以下简称《方案》）。《方案》指出，制造业单项冠军企业是指长期专注于制造业某些特定细分产品市场，生产技术或工艺国际领先，单项产品市场占有率位居全球前列的企业。制造业单项冠军企业是制造业创新发展的基石，实施制造业单项冠军企业培育提升专项行动，长期专注于企业擅长的领域，走"专特优精"发展道路，有利于占据全球产业链主导地位，提升制造业国际竞争力。企业走上"专特优精"发展壮大的道路，需要弘扬工匠精神，需要勇攀质量高峰决心，需要有更多的"专业+专注"的具有"工匠精神"的高技能人才。

4. 追求卓越

习近平总书记提出"推动中国制造向中国创造转变、中国速度向中国质量转变、中国产品向中国品牌转变"，这是适应经济发展新常态的根本出路所在。工匠精神是工业文化的一种重要表现。在从"制造大国"走向"制造强国"的进程中，更需要弘扬精业与敬业的工匠精神。

追求卓越、品质第一 品牌是质量的象征，是信誉的凝结，是国家的名片。人们一提到芯片、IT产品，就会想到微软、英特尔、谷歌，就自然想到美国；一提到手机，就会想到苹果、三星，也就会想到美国、韩国；说起汽车，都会想到奔驰、宝马、保时捷，就会和德国联系在一起。据统计，全球市场80%的份额由20%的优势品牌所占据。反观我国制造业，规模虽然已经跃居世界第一，但品牌之弱仍然是制约中国制造业发展的隐忧和短板。在全球知名品牌咨询公司国际品牌（Interbrand）发布的2019年度"全球最具价值100大品牌"排行榜中，中国制造业产品品牌仅占1席。虽然涌现出海尔、联想、华为、吉利等国际知名品牌，但从数量和质量方面与发达国家相比还不太理想。我们要弘扬和坚守"工匠精神"，在产品的个性化、质量和档次上下功夫，追求人无我有，而非千篇一律；追求质量，而非粗制滥造。我们要重视质量、打造品牌，将一丝不苟、精益求精的"工匠精神"融入每一个生产环节，打造一流产品，带动中国品牌更好地走向世界（图3-2-6）。

图3-2-6 打造一流产品，塑造中国品牌

从"制造大国"变为"制造强国"，"工匠精神"是德国制造业过去一百年成功的钥匙。这种精神让"德国制造"声名显赫，让德国百年工业品牌扎堆出现。而日本在学习中国的技艺之后纵深发展，并不断创新，才有了今日闻名于世的技术和精神。据统计，截至2013年，全球寿命超过200年的企业，日本有3 146家，为全球最多，德国有837家，荷兰有222家，法国有196家。之所以如此多的长寿企业集中出现在这些国家，是因为他们都在传承着一种精神——工匠精神，这种精神是任何时代都不可缺少的。工匠精神，契合了我国经济社会发展的现实需要，也将激发广大劳动者的劳动热情，实现人生梦想、展示人生价值，对推动我国由制造业大国向制造业强国

的跃升、使"中国制造"成为"中国创造",具有重要的现实意义。

中国号称"世界工厂"、制造业大国,从"大工厂""劳动密集基地"转为"强制造""精品化"才是中国制造业的出路所在。弘扬"工匠精神"将带动中国从"制造大国"走向"制造强国",促进企业精益求精、提高质量,使认真、敬业、执着、创新成为更多人的职业追求。弘扬"工匠精神",在全社会倡导一种"做专、做精、做细、做实"的作风,才能让"制、智、质"成为中国名片(图3-2-7)。中国梦目标在前,积跬步以至千里,每一个脚印,都由你我用工匠精神刻下。

图3-2-7
做专、做精、做细、做实

做时代工匠,创出彩人生 推动中国制造品质革命,一方面需要培育和发扬持续创新的企业家精神,以企业家精神促进制造企业战略转型,进而推动制造业从中低端向中高端转型,提升整体制造业品质;另一方面需要培育和弘扬精益求精、追求卓越的工匠精神,"工匠精神要渗透到每一个制造业工人和管理者的心灵深处"。要鼓励更多的年轻人走技能成才之路,形成"崇尚一技之长、不唯学历凭能力"的社会氛围。在当今社会,只有把工匠精神发挥得淋漓尽致,才能拥有竞争的优势。作为职场人,传承和发扬工匠精神不仅是生存和发展的需要,更是生活精彩,人生出彩的宿命所归。

【案例品读】

"柴油机医生"鹿新弟:把发动机当成孩子

坚持、耐得住寂寞、做好平凡小事是一名技能工人成为大师的必要条件。29年来，鹿新弟始终坚守在工作一线，从小事做起，从一名普通学生成长为拥有2项国家发明专利、8项实用新型专利的大国工匠荣誉等身。他说，还是最喜欢别人喊他"柴油机医生"。

1984年，17岁的鹿新弟来到道依茨一汽（大连）柴油机有限公司技工学校读书。3年后，鹿新弟以总分第一的成绩留在公司产品工程部试验室工作。入厂一年后，鹿新弟决定拜大家都很怕的宋成金为师。发动机是汽车的心脏、燃油系统是发动机的核心。为了学会燃油系统的修理，鹿新弟一边跟宋师傅学习，一边自己试验。一年后，鹿新弟掌握了燃油系统的维修技巧。第二年，鹿新弟就开始带徒弟了，而一般人两年的时间还没有出徒。"发动机是有生命的，得像对待孩子那样琢磨、对待它们。"因为喜欢这份工作，鹿新弟工作中特别认真、较真，不放过一丝疑问。凭着这股"钻"劲，鹿新弟成了一个能真正摸透柴油机脾气的人，慢慢地，他自创了一套"看、听、摸、闻、问"快速排除柴油机故障的五步维修法。针对电控柴油机，鹿新弟在"五步法"中加入"测量"环节，发展为"六步法"。

> ◎案例解析：每个在岗位上兢兢业业、用心钻研的劳动者都是当代"工匠精神"的诠释者、传承者。弘扬"工匠精神"，就要从坚守本分做起，从拧紧每个螺丝钉做起。实现中华民族伟大复兴，需要千千万万个鹿新弟去呕心沥血、坚持不懈。唯有大力传承"工匠精神"，中华民族才能高质量、有效率地发展，才能在实现伟大复兴中国梦的路上昂首阔步。

"遇到问题不能放弃，要做就做第一。"这是鹿新弟经常挂在嘴边的一句话。鹿新弟率先在内燃机行业建立《道依茨柴油机标准化试验方法和标准》，填补了国内空白。这项技术攻克了柴油机性能调试困难的世界性技术难题，成功实现了道依茨柴油机试验质量"零缺陷"的目标；节省了道依茨柴油机试验时间22分钟/单台；为公司节省3 457万元；减少有害气体排放量135吨。鹿新弟还打破国外的技术封锁，首创"道依茨柴油机调速器标准化调试法"，通过建立调速器数据库，将调速器由烦琐的配试状态简化成一个标准化的表格查找，提高生产效率75%，为公司节省945万元。如今，已经成为大师的鹿新弟也像师傅那样把手艺无私地交给徒弟们。鹿新弟依托"鹿新弟技能大师工作室""鹿新弟劳模创新工作室""鹿新弟专家培训工作室"三个平台，不断提高技能人才的技能水平和创新能力。在他的带领下，工作室共完成技术创新800余项，为公司培养出100名高技能人才。

工作29年，鹿新弟完成技术创新501项，创造经济效益10 742万元，其中87个项目荣获国家、省、市技术创新优秀成果奖，他先后荣获"全国劳动模范""全国技术能手""辽宁省功勋高技能人才"等荣誉称号，享受"国务院政府特殊津贴。"

（资料来源：【大国工匠】"柴油机医生"鹿新弟：把发动机当成孩子，央视网，2016-09-29，有改动。）

话题探讨

在从"制造大国"走向"制造强国"的进程中，国家大力提倡弘扬精业与敬业的工匠精神。对此，有人认为应当全面推行企业新型学徒制，大力传承"工匠精神"；但有人认为师徒制早已落伍，当学徒没出息，低人一等；也有人认为在工业化进程中，"人"的技术能力和作用在减弱和被取代。因而，通过学徒制推动"工匠精神"的传承这一做法根本无法落地。你怎么看？

3.3 劳模精神

中华人民共和国成立之初,掏粪工人时传祥以"宁可脏一人,换来万家净"的实际行动,赢得了全社会的一致赞扬和尊重。改革开放新时期,新一代劳模奋斗在共和国大厦的建设工地上,他们是攻克一个又一个难题的科学家,是实现中华民族飞天梦的航天英雄,是推动改革不断向前的企业家……时代在变迁,每一个时代的劳模都有不同的特点。那么,你心目中新时代的劳模精神应该是怎样的呢?

【劳动认知】

劳模精神,是指"爱岗敬业、争创一流、艰苦奋斗、勇于创新、淡泊名利、甘于奉献"的劳动模范精神。习近平总书记关于劳模精神的表述,为我们科学理解和大力弘扬劳模精神提供了正确的方向和指导。对大学生来说,"艰苦奋斗、淡泊名利、甘于奉献、勇于创新"的劳模精神更有利于指导并运用于我们的实际生活和学习,是我们学习劳模精神的重点所在。

1. 艰苦奋斗

艰苦奋斗是一种斗争精神,即不怕艰难困苦,英勇顽强去战胜困难。艰苦奋斗是一种创业精神,即在与艰难困苦做斗争中,奋发向上,锐意进取,辛勤创业。艰苦奋斗是一种献身精神,即为国家和人民利益乐于奉献、勇于献身。

吃苦不是坏事 "苦味"在国人心中的含义，大部分都与"励志"有关，不管是勾践卧薪尝胆，每天用"苦味"提醒、鞭策自己，还是"良药苦口"，国人很早就明白，"吃苦"是一件好事而非坏事。《孟子》有云："天将降大任于斯人也，必先苦其心志，劳其筋骨，饿其体肤，空乏其身，行拂乱其所为，所以动心忍性，曾益其所不能"。其实，这些苦是相对于普通、平常、正常而言，是比正常人付出的更多、更重一些。十分耕耘绝对有一分大收获，十分辛苦绝对有一分大甘甜。生活中，我们经常会羡慕别人外表光鲜亮丽的生活，殊不知别人在背后下了多少功夫。日常生活中，我们看到一些大学生徒具知识技能，却缺乏生活的能力，遇到挫折就垂头丧气，甚至有的还因此拒绝进入社会，当起了"啃老族"……有些苦是必须要吃的，今天不苦学，少了精神的滋养，注定了明天的空虚；今天不苦练，少了技能的支撑，注定了明天的贫穷。为了日后的充实与富有，苦在当下其实很值得。

奋斗要从现在做起 日本实业家稻盛和夫一人创造了京瓷与KDDI两家世界500强企业，他认为艰难困苦是让人重新认识自己、实现自我成长的难得的宝贵机会。愈挫愈勇，灾难是上天赐予的礼物，正所谓"艰难困苦，玉汝于成"。正是因为有了艰苦的经历，人才能得到磨砺。不经历艰苦，人格很难提升。面对困难和逆境，不要消极悲观，不要哀叹，不要消沉，而要将其视为磨炼心志的绝佳机会，正面面对，勇敢挑战。"千里之行，始于足下"告诉我们：理想的实现需要每个人从我做起，从现在做起，从平凡做起。习近平总书记说："新时代是奋斗者的时代，幸福都是奋斗出来的。"新时代要有新担当、新作为，挑战任务艰巨、难题亟待破解，更需要坚持和发扬艰苦奋斗的精神（图3-3-1）。我们只有把握今天，珍惜今天，用

图3-3-1
勇于奋斗

理想作纸，用勤奋作笔，才能抒写壮丽的青春，为人生增添光辉。

有艰苦才有创造 从古至今，一个国家、一个民族，在强国富民的创业过程中，靠的就是艰苦奋斗、勤俭建国。任正非曾经多次强调过："华为不战则亡，没有退路，只有艰苦奋斗才能改变自己的命运。"而艰苦奋斗、以奋斗者为本也一直是华为企业文化的灵魂。正因为华为人相信艰苦奋斗可以改变命运，所以才会为华为的发展尽自己最大的努力。在瞬息万变、不断涌现颠覆性创新的信息时代，一个人乃至一个企业应该如何改变命运？我们每一个普通人在这个竞争激烈的社会里，都应兢兢业业地对待工作。我们迷恋的不是辛苦的工作，而是辛苦工作中那一点点创造的可能性，它带给我们自豪，让我们一次又一次地感受着更为广阔的世界（图3-3-2）。纵然结果无法预测，它也能让你我继续坚定地行走在属于自己的成长之路上。

图3-3-2 创造性工作

2. 淡泊名利

淡泊名利是做人的一种好心态，做人要正确对待名与利。人生需要奋斗，既要获得物质财富，也需要得到精神财富。心静贵在淡泊名利，做人应该节制物欲，多些精神上的追求，增强自律，做最好的自己。

正确定位自己，踏实做人 一个踏实的人，不管做什么事情，必然会有条不紊，把事情一件一件都落在实处。踏实的人不投机取巧，不损人利己。踏实做事，是成功的最佳捷径。达·芬奇画出的鸡蛋不是一次次乱涂鸦，在失败时，他脚踏实地认真练习，审视自己的不足，苦练基本功，终成赫赫有名的画家。越王勾践在遭到失败后并没有心灰意冷，他明白成功不会一蹴而

图3-3-3
踏踏实实做事，实实在在做人

就，需要的是脚踏实地的作风，于是才有了"苦心人，天不负，卧薪尝胆，三千越甲可吞吴"的神话。踏踏实实做事，实实在在做人，自己就会有实实在在的收获，这样的人能够给周围带来一份踏实感。社会的发展与进步需要的是那些踏踏实实做事，实实在在做人的人（图3-3-3）。精准定位，实在做人，是普通人走向成功的最好选择。

心底无私天地宽 从古至今，有人因为干事创业获得世人敬仰，也有人因为造福一方赢得人们赞誉，却没有人仅仅凭借官爵禄位而得到世人敬重。无论是担任领导职务，还是在平凡岗位，"发光的人"都将干事创业摆在职位、地位之前，将群众利益视作首要之事。谷文昌曾经全家被下放到宁化县禾口公社红旗大队（今福建省三明市宁化县石壁镇红旗村）当社员，但他毫无怨言，千方百计帮助生产队发展生产，群众看着金黄色的稻谷满囤满仓，亲切地称他"谷满仓"。王继才默默守海岛32年，不但从不抱怨收入少，还自掏腰包修码头，获得荣誉后仍一如既往地巡岛、观海、记日志……人生的旅途上，会时常面对功名利禄的诱惑。诱惑越大，越要保持冷静清醒，多想想为什么、凭什么，少点私心、少点杂念、少点非分之想，才能迎来"天地宽"。

淡泊心灵，不能淡泊事业 淡泊名利是一种学会控制自我的人生大智慧。淡泊并不是力不能及的无奈，也不是心满意足的自赏，更不是碌碌无为的哀叹，淡泊是超脱世俗的诱惑和困扰，实实在在地对待一切，豁达客观地看待一切。淡泊名利的人，在意的是还未取得的成果，而非已经取得的成绩。诸葛亮说："非淡泊无以明志，非宁静无以致远。"太多的人在互相攀比和竞争名利中迷失自己，成为金钱的奴隶。淡泊以明志，宁静而致远。权力是一时的，金钱是身外的；身体是自己的，做人是长久的。淡泊名利的人，是谦虚的人，要明白"尺有所短，寸有所长"的道理；淡泊名利的人胸怀宽广，在人与人之间发生摩擦时，在坚持原则的基础上，能够以谦和的态度对待对方。淡泊名利是做人的一种好心态，一个人怎样才能静下心来呢？靠的是人生理想和志向，靠的是一个人的拼搏精神和顽强毅力。人生要奋斗，要拒绝诱惑，更要有自律精神。做人要坚信走自己路，做最好的自己，有了这个信念，才能追求自己的人生理想，不被物欲所迷惑。

3. 甘于奉献

一"争"一"让" 一"争"一"让"展现的是作风与品德。在工作上"争"，是进取心的表现、责任心的体现；在名利上"让"，既是内心的淡泊明志，也展现品德的谦逊无私（图3-3-4）。但"争"要争对地方，争在工作上、表现上、干劲上，人生就会充满正能量。"让"同样如此，让出虚名，让出私利，人生就能更加纯粹而崇高。生活态度是人格的温度控制器，其好坏足以影响人生的成败。积极的人生态度，是迈向美满成功的跳板。人生的方向是由"态度"来决定的，其好坏足以左右我们构筑的人生的优劣。因此，我们要保持清醒，坚决远离现实生活中某些"能争会让"者。有的人争名夺利有一套、很来劲，对待工作不用心、很没劲；有的人只图享受不想奉献，工作能少干就少干，待遇能多得就多得，斤斤计较。对青年人而言，扣好人生第一粒扣子，就要树立正确的价值取向，走捷径、图虚名终究靠不住，唯有脚踏实地、经受历练方能成就自我。

图3-3-4
在工作上"争"，在名利上"让"

立足本职，敢于担当 敢于担当，体现的是一种高度自信、自省、自

图3-3-5
创优争先

警、自律的精神，内部隐含的更是一种直面困难、锐意进取、追求卓越、精益求精的作风。敢于担当，意味着平庸、低能、拖沓、懒散都与我们绝缘，高标准、严要求才是每个劳动者的正确选择。强化责任、敢于担当，关键是树立主动负责的态度。立足本职岗位发挥先锋引领作用，需始终坚持精益求精、创优争先的工作态度，用一流的道德素养、业务技能和工作业绩发挥模范带头作用。在做好本职工作、推动任务落实中当标杆、作表率（图3-3-5）。

奉献的"良性循环" 奉献不应答，功名自来敲，道明了职场人应该具备的心理素质。我们在岗位上所做的一切，不仅是对自己的一种考验，也是实现个人价值的过程。总有一部分人急于追求功名，缺乏扎根一线的耐心。有的人怕吃苦、怕劳累，天天抱怨工作辛苦、薪水太少；有的人不求上进，安于现状，做事偷工减料；有的人好于在领导面前表现，大搞形式主义等。"万丈高楼平地起"，当我们的奉献积累到一定程度时，功名自然会来找你。"甘于奉献，不求回报"，这种"披肝沥胆为工作"的伟大精神，启迪了一代又一代中国人。劳动的内涵在更新，劳模的标准在"进阶"，"爱岗敬业、争创一流，艰苦奋斗、勇于创新，淡泊名利、甘于奉献"始终是劳模精神的核心。

4. 勇于创新

始于梦想 没有目标的生活，犹如没有罗盘的航行；没有梦想的生命，犹如没有色彩的春天。一方面，梦想引领航向。千百年来，无数美好愿景为人类发展指明了方向，从愚公移山、大禹治水等神话传说，到天堑变通途、高峡出平湖等伟大创造；从追求宽裕殷实的"小康"生活，到基本实现现代化，无不体现着梦想的意蕴。另一方面，梦想激发斗志、凝聚力量。无论是浴血奋战的革命时期，还是艰苦创业的建设年代和波澜壮阔的改革年代，梦想都是保持生机、激发活力的源泉。进入新时代，人民群众对美好生活的需要日益增长，从吃得饱到吃得健康，从穿得暖到穿得讲究，从安居乐业到天蓝、地绿、水净……无数个不断生长的梦想与时代偕行。以先进思想和模范行动奏响"中国梦、劳动美"的时代主旋律，用劳模的优秀品质引领社会风尚，劳模精神激励了千千万万普通劳动者坚守信念、立足岗位、开拓创新、建功立业。

成于实干 习近平总书记指出：建成社会主义现代化强国，实现中华民族伟大复兴，是一场接力跑，我们要一棒接着一棒跑下去，每一代人都要为下一代人跑出一个好成绩。回首新中国走过的几十年风风雨雨，劳模精神展示了中华民族顽强拼搏、自强不息的崇高品格，体现了伟大民族与时俱进、开拓创新的精神风貌。2020年年初，一场突如其来的新冠肺炎疫情肆虐，在抗击疫情的战斗中，一批批劳模白衣天使奔赴疫情最严重的第一线，用血肉之躯筑起了一道道救死扶伤的丰碑，成为生命的"守护神"，在没有硝烟的战场谱写了一曲曲人间大爱。数以万计的劳动模范用智慧和汗水，为祖国创造了巨大的物质财富，更为我们树立了榜样。全国劳动模范、"波司登"品牌的缔造者高德康在疫情发生后向疫区捐献巨额物资。时代在变迁，每一个时代的劳模都有不同的特点，永远不变的是劳模精神的本质。

走出舒适区，与时俱进 产业结构变化、社会分工细化，不会改变劳动是创造价值的唯一源泉。科技和互联网的日益发展正在改变人们的生活方式和思维方式（图3-3-6）。增强克服本领恐慌的能力，就需要不断地在实践中发现不足，弥补短板，从而使自身不断得到提升。我国经济从高速增长进入高质量发展阶段，需要更多知识型、技能型、创新型劳动者，也为劳动者、奋斗者实现人生出彩提供了广阔舞台。只有敢于走出舒适区的人，才能

图3-3-6
勇于创新，
与时俱进

主宰自己的命运。创新精神是劳模精神的重要内核。创新始于足下，创新不问出身，创新要有方法，不畏艰难，才能取得成功。敢于创新、勇于开拓，不断创新方法、手段、工艺，才能给国家、社会、企业创造新的价值。民族品牌的塑立，企业文化创新、研发创新、管理模式创新等都离不开创新思维的支持。伟大事业始于梦想、基于创新、成于实干。只有每一个人做好自己，突破自己，勇于创新，才能让一个民族进步，为国家提供发展的不竭动力。

【案例品读】

"80后"全国劳模杨普

"只要功夫深，铁杵磨成针"这句话放在杨普身上再适合不过。"80后"杨普是河北省石家庄一家纺织公司里最年轻的高级技师，布机挡车工出身的她名气非同一般：全国劳动模范、中华技能大奖获得者、中国青年五四奖章获得者、河北省和石家庄市操作技术状元、河北省和石家庄市劳动模范、燕赵技能大奖获得者、河北省金牌工人、河北省优秀共产党员、2013年度中国纺织年度新闻人物……中国工人当下能获得的荣誉几乎都集于她一身。

纺织厂，接线头是最能体现技术高低的硬活。杨普刻苦钻研操作技术，别人机下练习接500个，她就接1 000个；别人练1小时，她就练3小时；别人谈恋爱花前月下，她谈恋爱时手不离纱线。就这样，她手指硬是被软软的棉纱勒出了道道口子。功夫不负有心人，杨普的技术在不到20岁时就脱颖而出，一般女工一分钟接20个线头，她一分钟能接38个，她的接线头成绩比部颁标准提高了一倍，其成绩在国内同行中首屈一指。而就是因为有这样的技术，她不仅在省市职业技能大赛上屡夺桂冠，且在9年多的挡车工岗位上，累计超产棉布20多万米，成为企业的第一生产标兵，同事心中佩服的"织布工匠"。

> ◎案例解析：平凡闪耀劳动光辉，拼搏成就人生精彩，织女杨普为工人树立了模范。再平凡的岗位也能揭示本身的劳动价值，再普通的职业只要心怀梦想并为梦想尽力，终究会收获人生的出色。杨普的劳模精神激励了千千万万普通劳动者坚守信念、立足岗位、开拓创新、建功立业。

持满如不盈，有德者能卒。头顶"技术能手"的光环，但朴实的杨普没有一丝骄傲，她每天在上班之余，不忘文化学习，并以优异的成绩被河北科技大学继续教育学院纺织服装专业录取。2007年她凭着丰富的知识积累和技能集成，被企业选聘为最年轻的高级技师。而就在技师这个岗位上，她总结出"机上打结不超过5毫米""双手交叉""主动引纬"等操作技巧，自创了"双套结"接线头手法，大大提高了处理断经、断纬速度，班产提高了2 200米，年创造直接经济效益近500万元。

2009年企业在工厂区建立了"杨普工作室"，给杨普安排了30名年轻成员，由她亲自主导开展"传技带徒、创新创效"为核心的企业员工成才"传、帮、带"活动。2014年以来，杨普培训青工达到300多课时，培训人次达1 398人次，培养了144名操作技术精湛的青工，徒弟们的看机台面均由9台增长到12～18台，为公司年创效益300多万元；总结创新了近30项操作法，这些操作法统称"杨普操作法"，成为企业培训新员工的素材。

从一名技工学校的学生到全国劳动模范、中华技能大奖获得者，杨普扎根车间，以勤学苦练之硬功夫，独创总结出"七字"断经处理法、"八字"处理断纬法、双套结法、循环筘穿筘法等操作法。对于未来，杨普表示要立足岗位，带动更多的劳动者加入新时代的奋斗者行列，不负劳模的荣光！

（资料来源：中工网，有删改。）

话题探讨

如今一些青少年谈到当红的歌星影星，津津乐道，滔滔不绝。某明星被采访的时候，当有人问她怎么看待网友批判她要演技没演技，要实力没实力，还能拿到千万片酬的时候，她非常自信又自豪地说，自己就值这个价钱，因为自己长得好看，最值钱的就是这张脸了。你怎么看？

延伸探究

1. 付守永.工匠精神：向价值型员工进化[M].北京：中华工商联合出版社，2013.

2. 《劳模精神职工读本》编写组，向德荣.劳模精神职工读本[M].北京：中国工人出版社，2016.

3. 乔东，萧新桥.深刻理解劳模精神、劳动精神、工匠精神的丰富内涵，人民网，2019-4-30.

4. 阅读材料：《世界各国怎么过"五一"国际劳动节？》.

5. 阅读材料：《在平凡岗位上续写不平凡的故事——疫情中首都劳动者群像扫描》.

6. 阅读材料：《世界各国的"工匠精神"》.

7. 《关于全面推行企业新型学徒制的意见》.

8. 案例：《被国际桥梁大会（IBC）授予古斯塔夫·林德撒尔奖——舟山跨海大桥》.

9. 案例：《"90后"新农人回乡创业：用一条腿追逐梦想》.

10. 案例：《申纪兰：劳动是信仰，劳动最光荣》.

11. 视频：《劳动铸就中国梦》之劳动创造财富.

12. 视频：《我在故宫修文物》系列视频.

13. 视频：《大国工匠》系列视频.

专题四
培育品质

劳动是认识和了解社会的窗口，是健康人格形成的沃土，是未来良好发展的催化剂。劳动教育是素质教育必不可少的一环，培育劳动品质，对人的全面发展具有极其重要的意义。本专题对劳动品质进行阐释，重点阐释劳动法律素养，劳动安全素养，劳动品质素养，力求提升学生依法劳动、安全劳动意识，培育吃苦耐劳、诚实守信、勤俭节约的劳动品质。

视频
勤身苦志学技艺
梨园舞台展芳华

4.1

依法履约

小吴毕业后，按照相关流程与公司签订了就业协议，然后就到公司上班了。在工作中他得知和他一起入职的另一名同事已经和公司签定了劳动合同，公司却一直没有找他签订劳动合同。经过询问，公司告诉小吴，公司已经和他签了就业协议，而就业协议上有关工作的相关内容都规定得非常清楚，所以公司就不再和小吴签订劳动合同了。小吴看了一下自己的就业协议，内容确实全面，但是他还是很担心自己没有劳动合同，会得不到劳动法的保护。小吴的律师朋友告诉他，虽然现实生活中，就业协议可以从侧面对劳动合同予以补充，但是从维护劳动者和用人单位权益的角度出发，还是应该在入职后尽快签订劳动合同。学习劳动法相关知识，可以有效维护自身的劳动权益。

【劳动认知】

劳动法是民法的一个分支。中国的劳动法立法起步较晚，历经旧民主主义革命时期的北洋政府、中华民国政府、陕甘宁边区政府，中华人民共和国成立以后的社会主义革命和社会主义建设时期、改革开放和社会主义现代化建设新时期、中国特色社会主义新时代等不同时期的艰难探索，直到1994年7月5日《中华人民共和国劳动法》（以下简称《劳动法》）的颁布实施，中国特色的劳动法律制度才开始进入新的历史阶段。2007年6月29日，第十届全国人民代表大会常务委员会第二十八次会议通过了《中华人民共和国劳动合同法》。2007年12月29日，第十届全国人大常委会第三十一次会议，又通过了《中华人民共和国劳动争议调解仲裁法》。至此，我国调整劳动关系的立法工作已全面展开，并随着社会发展而及时修订，逐步完善了我国的劳动法律体系。2020年5月28日，十三届全国人民代表大会第三次会议通过了《中华人民共和国民法典》（以下简称《民法典》），这是中华人民共和国第一部以法典命名的法律，被称为"社会生活的百科全书"（图4-1-1）。《民法典》是民事权利的保障书，其中保障了劳动合同相关权益。

图4-1-1
《民法典》

随着依法治国的观念不断强化，我国劳动用工制度的深刻变革，劳动法律制度不断完善，对于进一步明确劳动合同双方当事人的权利和义务，保护劳动者的合法权益，构建和发展和谐稳定的劳动关系具有重要意义。作为劳动者，准确理解劳动相关法律规定，有利于遵守劳动法律依法劳动，有利于促进依法维护自身权利。

1.劳动法律法规

宪法规定，中华人民共和国的公民有劳动的权利和义务，劳动是一切有劳动能力的公民的光荣职责。《劳动法》规定：劳动者享有平等就业和选择职业的权利、取得劳动报酬的权利、休息休假的权利、获得劳动安全卫生保护的权利、接受职业技能培训的权利、享受社会保险和福利的权利、提请劳动争议处理的权利以及法律规定的其他劳动权利。此外，《劳动法》还规定：劳动者应当完成劳动任务，提高职业技能，执行劳动安全卫生规程，遵守劳动纪律和职业道德。

县级以上各级人民政府劳动行政部门依法对用人单位遵守劳动法律、法规的情况进行监督检查，对违反劳动法律、法规的行为有权制止，并责令改正。任何组织和个人对于违反劳动法律、法规的行为有权检举和控告。用人单位或者劳动者违反劳动法规定的，应当依法承担法律责任。

2.劳动合同

劳动合同是指劳动者与用人单位之间确立劳动关系、明确双方权利和义务的协议（图4-1-2）。订立和变更劳动合同，应当遵循合法、公平、平等自愿、协商一致、诚实信用的原则，不得违反法律、行政法规的规定。依法订立的劳动合同具有约束力，用人单位与劳动者应当履行劳动合同约定的义务。

图4-1-2 依法签订劳动合同

劳动合同应当具备以下条款：（1）用人单位的名称、住所和法定代表人或者主要负责人；（2）劳动者的姓名、住址和居民身份证或者其他有效身份证件号码；（3）劳动合同期限；（4）工作内容和工作地点；（5）工作时间和休息休假；（6）劳动报酬；（7）社会保险；（8）劳动保护、劳动条件和职业危害防护；（9）法律、法规规定应当纳入劳动合同的其他事项。劳动合同除法定的必备条款外，用人单位与劳动者可以约定试用期、培训、保守秘密、补充保险和福利待遇等其他事项。

《劳动合同法》规定，用人单位与劳动者协商一致，可以解除劳动合同。劳动者提前三十日以书面形式通知用人单位，可以解除劳动合同。劳动者有下列情形之一的，用人单位可以解除劳动合同：（1）在试用期间被证明不符合录用条件的；（2）严重违反用人单位的规章制度的；（3）严重失职，营私舞弊，给用人单位造成重大损害的；（4）劳动者同时与其他用人单位建立劳动关系，对完成本单位的工作任务造成严重影响，或者经用人单位提出，拒不改正的；（5）因本法第二十六条第一款第一项规定的情形致使劳动合同无效的；（6）被依法追究刑事责任的。

3.劳动纠纷处理

我国境内的用人单位与劳动者发生的下列劳动纠纷：（1）因确认劳动关系发生的争议；（2）因订立、履行、变更、解除和终止劳动合同发生的争议；（3）因除名、辞退和辞职、离职发生的争议；（4）因工作时间、休息休假、社会保险、福利、培训以及劳动保护发生的争议；（5）因劳动报酬、工伤医疗费、经济补偿或者赔偿金等发生的争议；（6）法律、法规规定的其他劳动争议，任何一方均可以向劳动人事争议仲裁委员会申请劳动仲裁。

劳动者与用人单位发生劳动争议，可以先通过协商解决或者向调解组织申请调解，当事人不愿协商、调解或者协商调解后不履行调解协议的，可自知道或者应当知道自己的权利被侵犯之日起一年内依法向有管辖权的劳动争议仲裁委员会申请仲裁，当事人对仲裁裁决不服的，可以在收到裁决书之日起15日内依法向人民法院提起诉讼。

4.涉外劳务安全提示

如今，我们有可能会选择出国工作，涉外劳务输出是指劳务公司与劳动者签订劳动合同，然后派遣劳动者到外国进行工作。那么，涉外劳务输出注意事项是什么呢？

劳务输出的第一步是签订劳务输出合同。劳务输出合同是明确雇主和劳务人员之间的责任和义务及其法律关系的重要文件。雇主通过招聘或招募方式雇用的劳务人员也必须签订聘用书，以确定双方之间的责任和义务。

劳务输出合同的形式与一般经济合同的形式基本相同，即由序文、合同条款和结尾三部分组成。序文中写明签约双方的名称和法定地址。合同中一般将输入劳务方称为甲方,输出劳务方称为乙方。

合同条款则规定双方的责任与义务。合同的结尾一般写明签订合同的地点及日期,如果是用两种以上文字写成,则还需说明每种文本的法律效力。一旦双方签订了劳务合同,任何一方不得无故终止合同。

在当前情况下,对涉外劳务合同中细节的处理可以尽可能地防范、减少和解决这种涉外劳务纠纷的发生。而这种具体的细节处理主要体现在涉外合同的法律文书之中。在实践中涉外劳务合同应特别注意劳务人员基本情况,雇主的义务和责任,劳务人员的义务和责任,劳务人员从事的工种和工作时间,工资待遇、津贴、补助,劳动保护、人身保险,工作、疾病或死亡处理规定,劳务人员休假的安排,对各种原因导致中断合同的处理方法,违约赔偿,纠纷的解决等内容。

【案例品读】

试用期工资风波

5月21日,广东湛江一名大四毕业生小林(化名)在微博发文讲述自己被欠薪的兼职经历。小林介绍,一个多月前,她在某招聘网上发布了简历,一家名为深圳××工业设计有限公司的负责人刘某联系上她,希望她能为公司兼职工业设计工作。

3月30日,小林与公司签订了临聘合同,临聘合同显示,工作期限为3个月,合同工作15天需支付2 000元工资。小林介绍,她总共完成了三个项目,实际工作应该是23天,负责人刘某却按照一个月工作30天给其计算工资,并且只算工作20天,到手工资仅1 333元。5月20日应该发放工资,但目前该负责人已联系不上。

据小林解释，事情导火索发生在5月5日上午，与其对接的负责人刘某临时通知她参与公司会议，开会内容是说明小组的纪律性，但被小林拒绝。小林表示，由于学校有毕业设计，她只能为对方工作一个月，事先已告诉对方，对方也表示同意。

刘某被拒绝后表示小林"忘恩负义"，并称学校老师没有教其如何做人，她是在浪费公司团队的时间和资源配置，如果小林想要工资只能去其公司拿。

"我现在还面临毕业设计的压力，公司根本没教我们什么实际技能，反而利用了大学生的廉价劳动力，我辛辛苦苦兼职赚点钱还要被这么说。"小林表示，她从不懈怠工作，也希望得到合理对待，会向宝安区劳动局投诉并讨回工资。

（资料来源：深圳商报，2019年05月22日，有删改。）

◎案例解析：

我国《民法典》规定，试用期不可以不给工资。劳动者在试用期内提供了正常劳动，用人单位支付劳动者的工资不得低于最低工资标准。

《民法典》规定，劳动者在试用期的工资不得低于本单位相同岗位最低档工资或者劳动合同约定工资的80%，并不得低于用人单位所在地的最低工资标准。

同一用人单位与同一劳动者只能约定1次试用期。

劳动合同期限试用期：劳动合同不满3个月不能设立试用期。劳动合同3个月以上不满1年的不得超过1个月。劳动合同1年以上不满3年的不得超过2个月。3年以上固定期限和无固定期限不得超过6个月。

非全日制用工双方当事人不得约定试用期。试用期包含在劳动合同期限内。若劳动合同仅约定试用期的，试用期不成立，该期限为劳动合同期限。

话题探讨

小李是一家互联网公司的程序员，经常加班，公司付他加班工资，但很少有休息日。一个大项目结束后，小李想要休息，但公司不同意，说给小李增加加班工资。小李很为难。

你如果碰到这种情况会怎么办？法律针对劳动者休息的权益是如何规定的？

4.2 安全生产

> 小张与小李是某化工厂职工，一天，两人在厂内储罐区巡视过程中，发现罐内有一个遗落的警示牌，小张让小李进入储罐区取出警示牌，结果遭小李拒绝，认为小张是多管闲事。你觉得小李的做法对吗？为什么？

【劳动认知】

1. 劳动安全与责任

在劳动过程中，安全与我们息息相关，每个人的心里都有安全价值观，它反映为人在劳动过程中的自我防护意识、自我行为约束能力、观察预判能力和自我安全技能提升观念。因此，树立正确的安全价值观，可以有效减少事故发生和人身伤害，降低经济财产损失。

安全意识是安全价值观的基础　安全意识通常体现在人的自我防护方面，安全意识的强弱取决于人们自身责任心的强弱、安全教育程度、劳动经验积累等，经历过事故的人往往具有较高的安全意识。

安全行为是安全价值观的体现　行为是意识的外在表现，一个人有什么样的安全意识，就会产生什么样的安全行为。在劳动过程中，可以表现为从业人员对生产安全权利和义务的执行情况，如安全生产的知情权、检举权、拒绝违章指挥和强令冒险作业、紧急情况下停止作业和紧急撤离、遵章守纪、正确佩戴和使用劳动防护用品、接受安全教育等。

安全技能是安全价值观的保障　安全技能是预判事故风险、预防事故发生和正确应对事故的能力。实践证明，安全技能直接关系到劳动者的安全状况（图4-2-1）。提高安全技能的有效途径是接受安全培训和教育，如电工一定要通过技能培训合格取得操作证方能上岗作业。

图4-2-1 安全劳动

出现劳动安全事故依法负责 在劳动过程中，不管是企业、企业负责人、管理人员还是从业人员，都有相应的安全职责和义务，一旦违反了法定义务或契约义务，或不当行使法律权力，造成不利后果，就需要承担相应责任。《安全生产法》《劳动法》《民法通则》《行政处罚法》《刑法》等均有与劳动安全相关的法律责任界定。劳动安全法律责任分为民事责任、行政责任、刑事责任。

民事责任是民事主体违反民事法律规范所应当承担的法律责任。行政责任是个人或者单位违反行政管理方面的法律规定所应当承担的法律责任，包括行政处罚和行政处分。根据《行政处罚法》的规定，行政处罚的种类包括：警告；罚款；没收违法所得、没收非法财物；责令停产、停业；暂扣或吊销许可证、暂扣或吊销营业执照；行政拘留；法律、行政法规规定的其他行政处罚。行政处分的种类有：警告；记过；记大过；降职；留用察看；开除等。刑事责任是违反刑事法律规定的个人或者单位所应当承担的法律责任，与劳动安全相关的刑事责任有：重大责任事故罪；强令违章冒险作业罪；重大劳动安全事故罪；不报、谎报安全事故罪；危险物品肇事罪；工程重大安全事故罪；消防责任事故罪；教育设施重大安全事故罪；交通肇事罪等。

2.劳动风险及防控

劳动风险无处不在，上班路途中过往的车辆；工作过程中运转的机械，

图4-2-2 劳动风险及防控

（a） （b）

昏暗的工作环境，湿滑的地面，打盹的管理人员；下班后遛弯时遇到路边摇摇欲坠的广告牌……，这些都有可能造成不可挽回的人身伤害。劳动过程中存在的这些风险可以分为人的不安全行为、物的不安全状态、环境不良、管理缺陷四个方面。

人的不安全行为 指人由于心理或生理因素导致行为、操作等不符合企业规章制度或安全操作规程的要求，可能导致未遂事件或事故的发生。如违章指挥，违章作业，不正确佩戴安全防护用品，擅自脱岗等行为（图4-2-2a～图4-2-2b）。

物的不安全状态 指由物理性、化学性或生物性造成的设备、设施、工具或物品的缺陷，如防护设施缺失，带电部位裸露，机械性或电磁性噪声，飞溅物或坠落物，高温物质或有毒易爆物质等。

环境不良 指由于空间、湿度、照明、气候条件等不利于作业，有可能造成意外发生。如作业场所狭小杂乱，空气流通不畅，照明不足，地面湿滑，大风或雨雪天气等。

管理缺失 指安全组织机构不健全、安全制度不完善、安全经费投入不足、安全责任制未落实等。如未指定安全操作规程，未对员工进行三级培训，未按规定发放劳动防护用品等。

时刻谨记防控要求。根据事故因果连锁理论，要想避免事故的发生，有

086

效保护人身财产安全，应从人的不安全行为和物的不安全状态着手进行管理。而人的不安全行为是引发事故的主要原因，这就要求我们在劳动过程中做到"四不伤害"，即"不伤害自己""不伤害他人""不被他人伤害"和"保护他人不受伤害"。

3. 劳动安全应急处理

劳动安全事故即生产安全事故，是指生产经营单位在生产经营活动（包括与生产经营有关的活动）中突然发生的，伤害人身安全和健康，或者损坏设备设施，或者造成经济损失的，导致原生产经营活动（包括与生产经营活动有关的活动）暂时中止或永远终止的意外事件。

劳动过程中常见的事故有火灾事故、触电事故、物体打击、车辆伤害、机械伤害、中毒和窒息事故。

根据《生产安全事故报告和调查处理条例》，事故发生后，事故现场有关人员应当立即向本单位负责人报告；单位负责人接到报告后，应当于1小时内向事故发生地县级以上人民政府安全生产监督管理部门和负有安全生产监督管理职责的有关部门报告。情况紧急时，事故现场有关人员可以直接向事故发生地县级以上人民政府安全生产监督管理部门和负有安全生产监督管理职责的有关部门报告。

从业人员应积极参加单位组织的应急培训和应急预案演练，熟练掌握火灾、触电、中毒和窒息等多发事故的应对方法，并能在事故发生时有效实施。

4. 劳动保险

劳动保险是国家为劳动者提供的一种社会保障制度，是劳动者因为年老、失业、患病、工伤、生育等各种原因不能继续从事劳动或暂时中断劳动时，从国家和社会获得物质帮助的一种方法和途径。

我国由组织为员工进行的保险主要包括五类：养老保险、医疗保险、失业保险、工伤保险、生育保险（图4-2-3），其中工伤保险、生育保险由用人单位单独缴纳。

劳动保险可以有效保障无收入、低收入以及遭受各种意外灾害的劳动者有生活来源，满足基本的生存需求，帮助他们消除和抵御各种市场风险，避免因生活缺乏基本保障而引发一系列的矛盾，从而维护社会的稳定。

图4-2-3 职工保险类型

劳动保险事项中需要注意以下几点：

不缴社保 有些公司利用劳动合同、发放社保补助现金等形式，不给员工缴纳社保，这些都是不合法的。只有按时足额缴纳社保费用，才能顺利享受社保待遇，否则与劳动者切身利益相关的养老、医疗等待遇都将不能享受。

低缴社保 社保是根据职工上年度的月平均工资申报新的基数。有些单位为了节省用工成本，以现金方式发放工资、不提供工资单等必要证据，按最低工资或者低于员工实际工资的数字为基数为员工缴纳社保费，如果社保缴费打了折扣，养老保险、生育保险等待遇也会打折扣。

未及时缴纳社保费用《中华人民共和国社会保险法》（以下简称《社会保险法》）第五十八条规定，用人单位应当自用工之日起三十日内为其职工向社会保险经办机构申请办理社会保险登记。未办理社会保险登记的，由社会保险经办机构核定其应当缴纳的社会保险费。以养老保险为例，《社会保险法》规定，参加基本养老保险的个人，达到法定退休年龄时累计缴费满十五年的，按月领取基本养老金。以失业保险为例，失业人员需符合三个条件，方可从失业保险基金中领取失业保险金。其中有一条是：失业前用人单位和本人已经缴纳失业保险费满一年的。一些单位不及时为员工缴纳社保，将影响相关待遇的享受。还要注意的是，员工在试用期也有权享受各项社会保险。

5.劳动卫生

劳动卫生即职业卫生，是为了预防和保护劳动者免受工作场所中的一些危险有害因素导致的健康影响和危害，而进行的对工作环境识别、评估、预测和控制的一门科学。

随着社会进步和科技发展，劳动者在职业活动中所受到的职业危害呈现出分布行业越来越广、接触人数越来越多、危害流动越来越大、隐匿迟发性越来越强并不断持续扩大的特点。

因此，做好劳动卫生工作，可以有效保障劳动者身体健康、企业经济效益和社会稳定发展。应注意以下几点：

（1）充分行使安全权利。在签订劳动合同时，劳动者有权获知工作过程中可能产生的职业危害及后果、防护措施和待遇。在劳动过程中，有权建议单位在醒目位置设置公告栏，公布本单位的职业卫生管理制度和操作规程，工作场所存在的职业病危害因素及岗位、健康危害、接触限值、应急救援措施，以及工作场所职业病危害因素检测结果、检测日期、检测机构名称等。

（2）积极参与安全培训。劳动者上岗前10日内、转岗或离岗后6个月重新从事接触职业病危害因素的，应接受用人单位组织的不少于12学时的职业卫生培训，并经书面和实际操作考试合格后方可上岗作业。在岗期间的劳动者，应接受用人单位每年不少于8学时的职业卫生培训。接触有职业病危害因素的新技术、新设备、新工艺的劳动者，应在其接触前1个月，接受不少于4学时的职业卫生培训。

（3）严格遵守规章制度。遵守法律法规和企业各项规章制度，遵守岗位操作规程，正确佩戴、使用和维护个人防护用品，正确使用和维护职业卫生防护设备和设施。

（4）按时接受健康检查。接受岗前、岗中、岗后健康检查，配合企业维护好劳动者个人职业健康监护档案。

◎案例解析：调查认定，这起事故是一起因企业违规造成的责任事故。事故的直接原因是：焊接人员无证上岗，且违规操作，同时未采取有效防护措施，导致焊接熔化物溅到楼下不远处的聚氨酯硬泡保温材料上，聚氨酯硬泡材料迅速燃烧，引燃楼体表面可燃物，大火迅速蔓延至整栋大楼。事故的间接原因是：一是建设单位、投标企业、招标代理机构相互串通、虚假招标和转包、违法分包。二是工程项目施工组织管理混乱。三是设计企业、监理机构工作失职。四是市、区两级建设主管部门对工程项目监督管理缺失。五是静安区公安消防机构对工程项目监督检查不到位。六是静安区政府对工程项目组织实施工作领导不力。

国务院要求各地区、各部门要深刻吸取事故教训，有效防范重特大火灾事故的发生，要进一步加大工程建设领域突出问题专项治理力度；进一步严格落实建设工程施工现场消防安全责任制；进一步加强建设工程及施工现场的监督管理；进一步完善建筑节能保温系统防火技术标准及施工安全措施；进一步深入开展消防安全宣传教育培训；以及进一步加强消防装备建设。

【案例品读】

上海静安特大火灾事故的安全启示

2010年11月15日，上海市静安区胶州路728号公寓大楼发生一起因企业违规造成的特别重大火灾事故，造成58人死亡、71人受伤，建筑物过火面积12 000平方米，直接经济损失1.58亿元。

上海市静安区胶州路728号公寓大楼所在的胶州路教师公寓小区于2010年9月24日开始实施节能综合改造项目施工，建设单位为上海市静安区建设和交通委员会，总承包单位为上海市静安区建设总公司，设计单位为上海静安置业设计有限公司，监理单位为上海市静安建设工程监理有限公司。施工内容主要包括外立面搭设脚手架、外墙喷涂聚氨酯硬泡体保温材料、更换外窗等。

2010年11月15日14时14分，电焊工吴国略和工人王永亮在加固胶州路728号公寓大楼10层脚手架的悬挑支架过程中，违规在10层电梯前室北窗外进行电焊作业，电焊溅落的金属熔融物引燃下方

9层位置脚手架防护平台上堆积的聚氨酯保温材料碎块、碎屑引发火灾。

话题探讨 安全卫生问题是我们在工作、学习和生活中都会遇到的问题。在新冠肺炎疫情期间,国家倡导大家尽量居家,减少外出和聚集,而有人认为这影响了他的正常生活和社交,拒绝执行。对此,你怎么看?

4.3 吃苦耐劳

某律师事务所招聘启事：
1. 具有较强的责任心，吃苦耐劳；
2. 有良好的团队合作精神，遵纪守法，服从律所管理；
3. 法律功底扎实，热爱律师行业；
4. 没有受过行业处分、行政处罚、无不良执业记录；
5. 具有优秀的办案能力和较强的逻辑分析能力；
6. 有一定的谈判技巧及人际关系交往能力。

小明向该律所投出了个人简历。正是由于他具有吃苦耐劳的品质、过硬的专业素养，最终顺利获得了offer（录取通知）。对于吃苦耐劳的重要性，你怎么看呢？

【劳动认知】

吃苦耐劳是中华民族自古以来的优良传统。从最初的大禹治水到如今的中国梦，中华民族历经五千年文明的发展历史，吃苦耐劳思想不断发展丰富。

在古代，《周易》中指出："天行健，君子以自强不息。"战争年代，中国共产党正是依靠吃苦耐劳的坚强意志，领导全国人民推翻了三座大山，建立了中华人民共和国。毛泽东非常重视对自身意志力的培养，他主张年轻人应到大风大浪中锻炼，磨炼自己的意志力。周恩来同志一生坚持深入群众、与群众共患难的工作原则，体现了他吃苦耐劳、艰苦朴素、亲民解民的高尚品质：什么是我们克服困难的道路呢？从最根本的方面说来，这就是要依靠我们全国人民同心协力，艰苦奋斗。

进入新时代，习近平总书记提出年轻人就要撸起袖子加油干，不负韶华，艰苦奋斗。这些都是在告诉每一位追逐梦想的年轻人，要想实现梦想，必须努力奋斗，只有具备了吃苦耐劳的精神，才能有更大的成绩。

随着社会经济的进步和社会文明的发展，吃苦耐劳品质在当今社会中越来越凸显其时代价值。每一位学生都是建设祖国美好明天的中流砥柱。吃苦耐劳品质不仅是素养问题，也关乎人生的成败，民族振兴和国家强盛。这既是时代对每一位学生提出的客观要求，又是自身全面健康发展的切实需要，是当代学生成才的必由之路和基本条件（图4-3-1）。我们不应该轻视吃苦耐劳、艰苦奋斗的精神，更不能丢掉这种传统。每一位学生都应把它继承下来，世代相传。只有这样，我们的国家才能健康迅速地向前发展。我们的国家才能在激烈的竞争中立于不败之地；我们的民族才能永久屹立于世界民族之林。

图4-3-1 儿童参加"八一"军事夏令营，培养吃苦耐劳精神

1. 热爱劳动

热爱劳动是非常可贵的个性品质，是创造社会财富、社会发展进步的内生动力。当农民们脸上露出丰收的喜悦的时候，当工人们在生产竞赛中胜利完成生产任务的时候，当科学家取得新的重大科技突破的时候，当屠呦呦、莫言拿到诺贝尔奖的时候，当奥运会上运动员拿到金牌、中华人民共和国国旗一次次升起的时候，当我们在各自平凡的工作岗位上成绩突出、受到表彰鼓励的时候……所有这些辉煌的劳动成就让我们感到光荣而自豪，证实着我

图4-3-2 热爱劳动

们平凡中的伟大。

宝剑锋从磨砺出，梅花香自苦寒来。只有热爱劳动（图4-3-2），具有勤劳勇敢、艰苦奋斗、坚强意志、聪明才智的优良品质，才能更好地历练、成长与锻造；只有热爱劳动、艰苦奋斗，我们的民族、社会不断成长前进，才能迈向一个又一个新的、更高的中华文明。

2. 终身劳动

从某种意义上说，人类社会的历史就是一部人类劳动不断发展与创新的历史，劳动创新是社会发展的重要动力。千百年来，我们的远祖从穴居野处的蛮荒时代进化到文明社会，完全是依靠辛勤的劳动。在物质领域，从穴居野处到高楼大厦，从茹毛饮血到营养快餐，从木棍石斧到机器电力，从刻木为舟到万吨巨轮，从结绳记事到计算机，不知道经历了多少亿万次的革新和创新；在精神领域，从象形文字所记录的历史片段，到自然科学和社会科学、人文科学的宏伟丰富的知识，也都是脑力劳动者在接受前人文化成果的基础上，一代又一代地积累起来的。

有劳动就有希望，有希望就有追求，有追求就有理想，有理想就有梦想，有梦想就有未来。正是一代又一代中国人的终身劳动孕育了伟大的中国梦，是劳动让我们插上梦想的翅膀。伟大而光荣的劳动孕育着伟大而光荣的梦想。空谈误国，实干兴邦，在中华民族的圆梦征程上，需要我们每一个中华儿女为之不懈努力奋斗。

作为青年学生，在成长过程中，要树立热爱劳动、终身劳动的良好劳动品质，积极参加社会实践和劳动实践，将自己投身祖国建设的大潮中，肩负起青春的责任。

3.人生在勤，勤则不匮

吃苦耐劳品质首先要求我们铭记人生在勤，勤则不匮。在砥砺奋进中一代代中华儿女推动着历史的车轮滚滚向前，创造出灿烂辉煌的中华文明，续写着中华民族不朽的奇迹。

勤可立志。人生须立志，志当存高远。习近平总书记希望青年立志做大事，做大事非勤奋不可。古有司马迁发愤著书，文天祥舍生取义，今有高凤林"发动机焊接第一人"。只有勤奋，高远的志向才能立得住，存得远；只有勤奋，高远的志向才能逐步得以实现。勤奋是奋斗途中必备的阶梯，是不竭的动力。

勤可补拙。顽强坚持的毅力，长期不懈的努力，才能取得一些成绩。否则，即使天赋过人，再好的天赋也会白白浪费。京剧表演艺术家梅兰芳通过勤学苦练，锻炼了一双熠熠生辉，脉脉含情的眼睛，弥补了天生眼睛呆滞的缺陷。贝多芬在双耳完全失聪后，仍然完成了举世瞩目的《第九交响曲》。只有相信"一分辛苦一分才"，才能克服缺陷，走在前面。

勤可为功。自古以来，勤奋就是个人成长、社会进步的推进器。不论是古代的万里长城、四大发明，还是如今的高铁、C919大飞机、航天工程，没有无数人的勤奋努力，都无法实现这样巨大的成就。勤可为功，小处看是个人的成功，大处看关乎一个国家、民族的未来。勤劳已成为实现"中国梦"的不竭动力。

4.以辛勤劳动为荣，以好逸恶劳为耻

吃苦耐劳还需要做到以辛勤劳动为荣，以好逸恶劳为耻。辛勤劳动是奋斗的底色，是创造价值的姿态，是世界存在的永恒主题。

辛勤劳动作为一种传统美德，在任何时代都不会过时。没有辛勤劳动，

一切社会物质财富和精神财富都无从谈起；没有辛勤劳动，人类的生存与发展必然失去最基本的保障。没有辛勤劳动，逸与乐就没有基础。只图安逸不事劳动，甚至厌恶、轻视、蔑视劳动，靠占有别人的劳动成果过寄生生活的人，是应该坚决反对的。社会犹如一部大机器，每一个劳动者的每一份工作作为这部大机器的一部分，都是必不可少的。不论是体力劳动还是脑力劳动，不论是简单劳动还是复杂劳动，都是光荣的，都应当得到认可和尊重。爱岗敬业、争创一流，艰苦奋斗、勇于创新，淡泊名利、甘于奉献的伟大劳动精神，永远是社会主义核心价值观和道德观的重要内容。

【案例品读】

"神技天焊"工程师——高凤林

"从事工匠业，常怀报国心。"说的就是首都航天机械公司特种熔融焊接工、高级技师高凤林。

"去实现儿时的梦想吧。"中学毕业后，高凤林报考首都航天机械公司厂技校，从此与航天结下不解之缘。

早期，培养一名氩弧焊工的成本甚至比培养一名飞行员还要高。而要焊接被称为火箭"心脏"的发动机，更对焊接工的稳定性、协调性和悟性有着极高的要求。

"你们当中将来谁要能焊接火箭发动机，谁就是英雄。"高凤林清楚记得，技校老师曾这样激励他们。

技校毕业时，公认的"好苗子"高凤林被选中进入首都航天发动机焊接车间，从此，他拿起焊枪，把自己的根牢牢扎在了焊接岗位上。38岁时，高凤林已成为航天特级技师。

成功离不开汗水的浇灌。吃饭时，高凤林拿着筷子练送丝；喝水时，端着盛满水的缸子练稳定性；休息时，举着铁块练耐力，甚至冒着高温观察铁水的流动规律……

更有甚者，他连"一眨眼"的功夫都不放过。火箭上一个焊点的宽度仅为0.16毫米、完成焊接允许的时间误差不超过0.1秒，为了不放过"一眨眼"的功夫，他硬是练就了"如果这道工序需要10分钟不眨眼，我就能10分钟不眨眼"的绝技！

> ◎案例解析：2015年，火箭"心脏"焊接人高凤林作为央视《大国工匠》纪录片"第一人"亮相，成为公众瞩目的工匠明星，更成为弘扬工匠精神的践行者；高凤林的人生是劳动奋斗的一生，他用光阴书写下最宝贵的人生意义回答，描绘出了不忘初心、牢记使命的前行精神坐标。这正是年轻一代需要学习的甘于奉献，甘愿"吃苦"的劳动精神和良好品质。

"没什么秘诀，不过就是两个年轻人面对面瞪着眼，打赌比比看谁坚持的时间更长罢了。"在高凤林如今的谈笑背后，是饱经岁月的淬炼。

——20世纪90年代，亚洲最大"长二捆"全箭振动塔的焊接操作中，高凤林长时间在表面温度高达几百摄氏度的焊件上操作。他的手上，至今可见当年留下的伤疤。

——国家"七五"攻关项目、东北哈汽轮机厂大型机车换热器的生产中，为了突破一项熔焊难题，半年时间里高凤林天天趴在产品上，一趴就是几个小时，被同事戏称"跟产品结婚的人"。

在汗水的浇灌下，高凤林练就了出神入化的"神技天焊"。

话题探讨

"工作996，生病ICU"，这是当代社会部分工作岗位的真实写照。2019年，一场反对超长加班的大讨论在五一劳动节前夕一石激起千层浪。但是有人却认为工作应该不分白天黑夜。对此，你怎么看？

4.4 诚实守信

中国电信某分公司的小刘是一名智能家庭工程师。一天傍晚，一位老人来到电信营业厅："我家客厅的电话机坏了，我不会用手机，晚上要等国外女儿的电话，急死我了。谁能帮帮我？"负责这个包区的师傅正在外面有事，小刘主动随用户上门，不仅为用户接好了电话线，而且主动为用户打墙洞在卧室接分机。老人晚上顺利接到了女儿的电话，第二天早上老人激动地送来了表扬信。

打墙洞费时费力，用户也不属于他的承包包区，这种维修是没有单独酬金的，小刘纯属帮忙。他却没有怨言，他说："老老实实最能打动人心，用户的认可是对我最大的肯定。"正是本着这种"诚信经营，尽心服务"的理念，小刘承包包区的服务水平名列前茅。对于这种做法，你怎么看？

【劳动认知】

诚实守信一直是中华民族引以为豪的品格。"言必信，行必果""以诚为本，以信为天"，人们讲求诚信、推崇诚信，诚信之风早已融入我们中华民族文化的血液，成为中华传统文化基因中不可或缺的要素。然而，近些年来，"拜金主义"在滋长，"利益"取代了美德，诚信让位于欺诈。假食品、假新闻、假结婚、假文凭、假招聘等社会现象频出，预示着诚信缺失的危机（图4-4-1），诚实守信的基本道德规范被物质化、庸俗化、功利化。

诚信的基本含义是指诚实无欺，讲求信用。《礼记·祭统》中有"是故贤者之祭也，致其诚信与其忠敬"之说。在普遍意义上，"诚"即诚实诚恳，指人所具有真诚的内在道德品质；"信"即信用、信任，指人的内诚的外部显化。"诚"更多地指"内诚于心"，"信"则侧重于"外信于人"。"诚"与"信"共同构成了一个内外兼备、内涵丰富的词语。

图4-4-1 诚信

1. 诚者不自欺

子曰："人之生也直，罔之生也幸而免。"意思是，如果一个人以"直"的方式为人处事，那么他是幸运的；而以"罔"的方式待人接物，哪怕他过得不错，充其量只是幸免于祸害而已。

什么是"直"，什么是"罔"呢？刘宝楠在《论语正义》里说："直者，诚也。诚者，内不自以欺，外不以欺人。"这句话就是说一个人这辈子要本着一种对外不骗人，对内不骗自己的态度活着。

如果一个人企图用某种自欺欺人的方式待人接物，也许短期内过得还不错，但长期而言总会露出老底。

诚信是做人必须具备的道德素质和品格，也是一名合格劳动者应该具备的基本品格。诚信不仅是一种品行，更是一种责任；不仅是一种道义，更是一种准则；不仅是一种声誉，更是一种资源。诚信劳动，就能赢得他人的尊重，获得他人的帮助；诚信经营，才能获得客户的信赖，赢得企业的成功。

2. 职业承诺：于己无愧，于人无损，于国有益

孔子曰："人而无信，不知其可也。"民间有言："一言既出，驷马难追"，都极言诚信的重要。

诚信是做人的根本，是职场的通行证。国务院前总理朱镕基要求"严"字当头，很少题字，但他却对中华人民共和国成立后的三个国家会计学院"网开一面"，亲笔题写了校训——"不做假账"。言而无信，行之不远，现实生活中的大量事实证明，制假售假、坑蒙拐骗，可以得一时之利，但必定以身败名裂告终。世界上没有拆不穿的假象，没有识不破的骗局。在生活中，人们愿意和诚信的人打交道、交朋友。诚信的人看似暂时失去了某些利益，却赢得了信誉。秉持诚信可以形成一种巨大的品牌效应，让你在成功的路上走得更远。

企业品牌源于诚信。讲诚信经营的企业，在消费者中会建立良好的口碑，消费者的满意度提高了，经营者的广告宣传费用也就减少了。一个信誉好的企业，可以顺利申请到银行贷款，也可以在资本市场上以较低的成本融资。诚信是企业的无形资产，可以为企业增值，它和货币资本、劳动力资本一样是企业发展不可或缺的要素。

国家的发展正是由无数个人和企业的发展成就的。个人和企业的诚信集中体现了国家的品牌，塑造了中国在国际上的形象。"中国制造"曾被国外认为是价格便宜、质量差的低端产品的代表，那正是因为一段时间内，中国的企业只追求短期的利益，而不重视质量、技术，忽视诚信等长效机制的发展。如今，在科技的引领下，中国的发展必然要走向一条转型升级的路径，由低端向中高端发展，由科技含量低到科技含量高的转型升级，重视质量，坚守诚信，重新树立大国形象。

【案例品读】

张某为何面试失败

张某从年前就开始为毕业后的工作四处奔波。终于有一天，他接到了一家大企业的面试通知。面试那天，他迟到了 10 分钟，却对面试他的总经理说是因为坐公交堵车。面试中他不懂的问题就夸夸其谈，把自己的能力说得天花乱坠，面试后，张某信心十足，觉得肯定能被录用。几天后，张某却接到一纸不予录用的通知书。事后他了解到总经理对他的评价是：不守时、不诚信。为什么会这样？原来面试那天他是骑自行车去的，因担心迟到影响面试结果，就撒谎说堵车。原以为无人察觉，没想到总经理站在办公楼窗前，正好看见了他骑车的身影。他的简历也做了假，把许多同学的实习经历和做过的项目添加到自己的简历中，结果经理一细问，他也只能吹吹牛，细节上完全不着边际。

事后，张某后悔不已，对自己的行为进行了深刻的反思。他想到上学期间，经常放松对自己的要求，如果迟到了，就找个理由说今天堵车了；如果早退了，就称头疼，身体不舒服；逃学旷课，就对老师说家里有事；做错了事情，要么把故意说成无意，要么百般抵赖，编造各种理由为自己开脱。久而久之，他对自己的这种随口撒谎习以为常。最终导致其被面试单位判定为"不诚信"。

◎案例解析：对企业来说，员工诚信的品质比专业技术更加重要。企业最关注的是一个新人最基本的人品和素质。如果新人秉性诚实，以后的道路基本不会走歪；但是如果新人原本就有点滑头耍小聪明，怎样正确引导都可能偏离轨道。

请记住：诚信是你通往职场的第一张通行证，如果没有它，即使你有能力、有才华，也终将被拒之门外。

话题探讨

历时六百余年的山西"美和居"老陈醋，以其独特的品质和风味，居名醋之首。脏脏茶、云南蘸水、冒烟冰激凌、半熟芝士等网红食品层出不穷、各领风骚。你觉得老陈醋和网红食品成功的秘诀在哪里？有什么不同？

4.5 勤俭节约

在独贵塔拉镇，有那么一群人，他们在工作中发扬忠于职守的敬业精神，在理论学习中发扬刻苦钻研的"钉子"精神，在生活中发扬勤俭节约、艰苦奋斗的俭朴作风。他们以雷锋为榜样树立更高的人生目标，以实际行动赋予生活更深刻的含义。

当今社会物质生活丰富的情况下，你认为坚持勤俭节约还有意义吗？

【劳动认知】

勤俭节约是中华民族的传统美德，历来为人们所提倡。勤俭也是当代社会的内在诉求，现代文明强调珍视有限资源，提倡崇俭抑奢的价值观。习近平总书记在不同场合多次强调艰苦奋斗、勤俭节约是中华民族的传统美德，铺张浪费则背离优良传统文化，败坏党风、政风和社会风气。从个人、家庭到国家，勤俭节约永远不会过时并且应当持之以恒。

孔子在两千多年前就提倡"节俭持国"的思想。明末教育家朱柏庐在《朱子治家格言》中总结出"一粥一饭，当思来处不易；半丝半缕，恒念物力维艰"的警句。毛泽东指出务必使同志们继续地保持谦虚、谨慎、不骄不躁的作风，务必使同志们继续地保持艰苦奋斗的作风，这就是著名的"两个务必"。今天的中国取得了令人瞩目的发展成就，先人先辈的名言警句，至今言犹在耳，让人倍感亲切。

日常生活中会出现一些互相攀比、追赶时髦、大吃大喝、过度消费的现象，许多金钱被白白浪费。奢靡浪费给个人和家庭甚至国家带来了沉重的负担。

节俭不是吝啬，节俭是当用则用，当省则省；换句话说，就是省用得当。

把钱用对用好，才是真正的节俭。厉行节约、持之以恒，将有限的资源用于个人、家庭的成长上，才能更好地促进个人、家庭和国家的长远发展。

1. 尊重他人劳动

劳动伟大而且神圣。从某种意义上来讲，劳动人民是用辛勤的双手和丰富的智慧，去创造美好的世界，辛勤劳作，艰苦奋斗，创造文明，创造自然，对人类、对整个世界，做出了无比巨大的贡献。因此，任何人的劳动理应受到称赞，任何人的劳动，也更应该受到尊重。

劳动不分高低贵贱。工人做工是劳动，农民务农是劳动，教师教书育人也是劳动。任何一种劳动，都能创造财富，对人类都有贡献。有耕耘就有收获，有劳动就有成果。所以，任何一种劳动都应受到尊重，劳动果实应该倍加珍惜。

总的来说，我们要不断地提高觉悟，加强修养，养成良好的习惯，尊重别人的点滴劳动成果。

2. 珍惜劳动成果

是谁用心打扫，让城市干净整洁？是谁东奔西走，把商品送到家门口？是谁挥锹培土，为山坡披上绿装？是谁坚守三尺讲台，陪伴一代又一代成长？

谁在乱扔垃圾，破坏城市环境？谁在横穿马路，带来危险隐患？谁在损坏公共设施，造成生活不便？

如果没有劳动者的辛勤劳动，我们又怎么能如此安逸地生活在文明城市、卫生城市、园林城市中？我们总是抱怨公交车晚点、交通拥堵、看病时间漫长，但有没有想过最后一班公交车的司机、烈日下的交警、夜间值守的医生，也有人在等他们回家。幸福是奋斗来的，每一个忙碌的身影都应该被感激，每一份劳动成果都应该被珍惜。

我们都是劳动者，尊重劳动者，就是尊重我们自己。致敬劳动者，生活因劳动而幸福。珍惜劳动成果，从未成年人做起。新颁布的《未成年人保护法》中强调：学校、幼儿园应当开展勤俭节约、反对浪费、珍惜粮食、文明饮食等宣传教育活动，帮助未成年人树立浪费可耻、节约为荣的意识，养成文明健康、绿色环保的生活习惯。珍惜劳动成果，从个人层面，养成良好的消费习惯，到国家层面，不断推进技术革新升级，都是尊重劳动者，珍惜劳动成果的重要举措。

3. 养成良好的消费习惯

消费在我们的生活中无处不在，也发挥着很大的作用。养成良好的消费习惯，进行适度消费，不仅能够满足自己的日常消费需求，避免迷失在消费时代里，陷入盲目攀比、不理智消费的深渊，也是珍惜他人劳动成果的重要体现。

那么如何养成一个好的消费习惯呢？

一要养成记账习惯。记账是建立良好消费习惯必要的一步，学会管理预算，还能对自己的可支配资产形成一个全面的了解，进而为之后的理财打下基础。

图4-5-1
勤俭节约：良好消费习惯

二要勿以钱少而不积。小钱虽然单个的作用不大，但是多笔的累计，最后是一个庞大的概念。要建立正确的金钱观，不因价格低廉就随便购买，让每一分花出去的小钱都有其必要的价值（图4-5-1）。

三要确定当前合理的消费

水平。理想的消费决策，应该是基于现在和未来的，只有这样才能保证我们消费观是健康、可持续的，过度保守的消费决策会使我们失去人生的许多乐趣，过度激进的消费决策会将生活推入无底深渊。学会消费的"三分法"，让消费和积累更加科学有效。

4. 抵制奢靡浪费

奢侈浪费的现象在生活中处处可见：水龙头哗哗地流着，却没有人理；炎热的中午，没有人的办公室里，空调却一直开着；中华民族勤俭节约的传统美德哪里去了？有人说，在建成小康社会突飞猛进的今天，人们的生活水平大大提高，消费理念也应日益更新。节约的道德观念陈旧了，节约的道德要求过时了。吃饭只吃几口就倒掉才显得有派，好好的衣服不想穿了随手扔掉才显得酷。在这种错误思想的影响下，勤俭节约时下几乎成了小农经济思想的代名词。有的人经常攀比，炫耀自己，说起名牌来如数家珍。奢侈被认为有派头，节约反被认为无能。享受生活、炫耀消费成为部分社会群体的时尚生活理念。

一项调查显示：大学食堂一周被倒掉的饭相当于一亩地的产量！学校一年浪费的电量足够一个普通家庭用58年！面对这样的现实，每个人都需要扪心自问：我们凭什么浪费？我们有什么资格浪费？奢侈浪费就是对别人劳动的不尊重，对社会的不负责任（图4-5-2）。

图4-5-2
浪费可耻

坚决抵制奢侈浪费现象，平时的工作和生活中，我们应该坚持：光盘行动（图4-5-3）。粮食来之不

◎小贴士：10月16日是世界粮食日，当周是我国粮食安全宣传周。让我们共同携手，厉行勤俭节约，反对餐饮浪费，把中国人的饭碗牢牢端在自己手上！

图4-5-3 节约光荣

易，千万不要随意浪费；节约用电，平时在家里尽量少开一盏灯，离开以后就要及时把灯关掉；在平时的生活中要学会量入为出，不要盲目攀比。

习近平总书记在谈到生态文明时提出：节约资源是保护生态环境的根本之策。可见奢侈浪费不仅是一种不良的习惯，同时也是对生态环境的污染和破坏。环境污染的实质是资源的浪费和不合理的使用，使有用的资源变为废物进入环境而造成危害。保护环境的根本之策是节约资源，就要求改变环境污染末端治理的思路，治理污染从源头入手，坚持节约资源和保护环境的基本国策，大力推进能源资源节约和循环利用，着力推进绿色发展、循环发展、低碳发展。

解决环境问题的根本和唯一的途径是节约资源。在全球一体化背景下，我国资源压力问题凸显。我国669个城市中有400个供水不足，110个严重缺水。在32个百万人口以上的特大城市中，有30个长期受缺水困扰。全国城市日缺水量达1 600余万立方米。因缺水，工业经济年损失估计高达2 300多亿元。

我国已成为世界煤炭、钢铁和铜的第一消费大国，石油和电力的第二消费大国。另外，由于土地、森林、水、矿产等资源的过度开发，环境破坏已经极其严重，不仅加剧了水土流失、土地荒漠化、江河污染，也导致自然灾害频繁发生。与此同时，世界经济危机短期内还难以走出低谷，增加国内投资，进一步扩大内需、刺激消费成为提振我国经济的必然选择。在这样的背景下，要解决生态环境问题唯一出路就是节约资源，别无他法。没有对生态环境问题的解决，就不可能走上可持续发展的道路。要解决环境污染问题，尽管我们探索了很多方法，取得了很多成功经验，但是从根本上说，走资源节约之路，才是唯一途径。

今天，环境污染问题已经深深地同发展方式联系在一起。有什么样的发展方式，就会有什么样的生态环境。"高投入、高消耗、高排放、不协调、难循环、低效率"的粗放型经济增长方式只能带来日益严重的生态环境问题。要保护好生态环境一定要转变发展方式。应从节约资源的方式来保护生态环境，为节约资源、保护生态环境提供一条可持续的发展道路。

节约资源重大战略应包括：资源产品及其加工产品的节约，资源开发的节约，资源废弃物质的再生资源化，稀缺资源的替代和资源产业的集约化经营。要大力节约集约利用资源，推动资源利用方式根本转变，加强全过程节约管理，大幅降低能源、水、土地消耗强度，大力发展循环经济，促进生产、流通、消费过程的减量化、再利用、资源化。

【案例品读】

政府带头厉行节俭

2020年7月23日，李克强总理在国务院第三次廉政工作会议上要求，在经济下行和财政困难的情况下，各级政府要坚决做到过紧日子，节用裕民、俭以养德，把钱用在刀刃上，全力支持保就业保民生保市场主体，让勤俭节约成为每个政府工作人员的日常行为习惯。

今年中央政府带头，把非急需非刚性支出压减50%以上，各级地方政府也纷纷确定了压减指标。让勤俭节约成为每个政府工作人员的日常行为习惯。这不仅是"完成压减指标"之必须，也是提升政府工作质量和效率，推动全社会形成节约风尚之必须。

这些年，国家高速发展，综合实力不断提高，各级政府的工作环境（硬件设施）有了很大的变化，财政多了，手中财权也大了。与此同时，一些政府人员讲排场，搞铺张，追奢华的作派也渐渐地扩展，少数人的大手大脚支

◎ **案例解析**：榜样的力量是无穷的。政府机关工作人员节约一张纸、一支笔或一度电，对于政府机关的运作并没有多少影响，但是其示范意义依然是重大的。政府带头过紧日子，让勤俭节约成为每个政府工作人员的日常行为习惯，就会形成全社会的共鸣，成为一种良好社会风气的示范，从而进一步推动社会的健康发展。

出财政费用成了一种习惯。一些政府机关的这种不良习惯，自然淡化了政府工作人员的日常勤俭节约行为习惯，进而使原本可以通过政府工作人员的个体日常行为达到的"隐性"压减指标，成为空话。

俭能养德，正是因为俭本身也是一种德。政府人员要严格要求自己、转变作风，树立艰苦奋斗、勤俭节约的思想意识，自觉抵制享乐主义和奢靡之风，杜绝工作中的浪费，杜绝办公用品、水电的浪费，养成勤俭节约的自觉性，在工作和生活中严格遵守厉行节约的各项规定，才能得到人民群众的支持和赞扬。这些德，也应当成为考察评价干部的题中之义。

话题探讨

2020年8月11日，武汉餐饮业协会发出倡议书，提出6项倡议，其中包括：推行N-1点餐模式，即10位进餐客人只能点9个人的菜。有人说："吃饭花的是自己的钱，想怎么点就怎么点。"针对这个问题，你怎么看？

延伸探究

1. 侯舒涵.不甘心，先用心[M].北京：中国致公出版社，2018.

2. 兰州城市学院路易·艾黎研究中心.艾黎自传[M].兰州：甘肃人民出版社，2017.

3. 王霜.王厨娘的烟火人生[M].石家庄：花山文艺出版社，2017.

4. 晨天.大人物的大智慧[M].汕头：汕头大学出版社，2016.

5. 阎孟伟.诚信中国[M].南京：江苏人民出版社，2019.

6. 贵阳市白云区文明办.诚信：古今故事汇[M].北京：光明日报出版社，2018.

7. 中国社会主义文艺学会诚信文化研究院[J]. 中国诚信文化，2017（4）.

8. 王维平，陈响园. 劳动的力量[M]. 北京：中国社会科学出版社，2016.

9. 刘向兵. 劳动的名义[M]. 北京：中国工人出版社，2018.

10. 陈本林，施岳群，等. 涉外知识大全[M]. 上海：上海人民出版社，1992.

11. 纪录片：《劳动梦铸就中国梦》.

12. 纪录片：《守望家风》第二集《俭·廉》.

13. 纪录片：《最后的棒棒》.

14. 纪录片：《诚信——中国行》.

15. 纪录片：《御膳房——康熙的节俭》.

专题五 尊重劳动：实现体面劳动的核心

尊重劳动是一种优良品质，也是实现体面劳动的核心。尊重劳动既包括尊重他人的劳动，也包括尊重自己的劳动，更要尊重付出劳动的劳动者。要在全社会形成尊重劳动和劳动者的风尚，就必须通过政府、社会、企业和劳动者个人的共同努力，让劳动者实现体面劳动，提高劳动者待遇，使劳动者的权益得到有效保护，让劳动者在劳动过程中得到更全面的发展，真正让劳动者感受到劳动的光荣和美好，才能使尊重劳动落到实处。

视频
劳动之手

5.1 让劳动者实现体面劳动

在中国人的话语体系里,"体面"是指"有面子"、光彩、光荣的意思。顾名思义,所谓"体面劳动"往往被认为就是收入高的、劳动条件好的、"有面子"的劳动。甚至有人认为只有坐办公室工作的白领才是在从事体面劳动,而在一线从事技术和操作性劳动的劳动者则被人看不起,认为他们是在从事不体面的劳动。为此,不少职业院校的学生也感到很自卑,觉得自己低人一等。那么,什么才是体面劳动?体面劳动的核心和本质是什么?为什么要努力实现体面劳动?怎样才能实现体面劳动?

【劳动认知】

1. 体面劳动的内涵

"体面劳动"的概念是1999年6月由国际劳工组织新任局长索马维亚在第八十七届国际劳工组织的报告中首次提出的。

他在《体面劳动》的报告中指出:"国际劳工组织当前的首要目标是促进男女在自由、公正、安全和具有人格尊严的条件下,获得体面性的、生产性的工作机会。"并且认为,只有通过对工作中的权利、就业、社会保护和社会对话这四个战略目标在整体上予以平衡和统一推进,才能够实现"体面劳动"。也就是说,体面劳动包括四个方面的内容:劳动者的基本权利得到保障;充分的就业岗位和合理的收入;有效的社会保护;通过社会对话解决问题。体面劳动的这一理念是在经济全球化引发一系列社会公正问题的背景下提出的。因此，体面劳动的内涵，不仅是指劳动者要有一份养家糊口的工作，还要有稳定的就业机会、安全的工作条件、充分的社会保障以及工作中更为广泛的权利，就是要尊重劳动，尊重劳动者的尊严和权利，落实劳动者主人翁地位，使每个劳动者通过体面的、有尊严的劳动来主宰自己的命运。由此可见，体面劳动不是指收入高、劳动条件好、有保障、"有面子"的劳动，更不是只有坐在办公室工作才是体面劳动，其核心内容是尊重劳动，尊重劳动者，使劳动者的尊严得到有效的保证。体面劳动所要实现的目标是全体劳动者都能体面地从事劳动活动。

体面劳动目标的实现不是一蹴而就的，是一个复杂的系统工程，也是一个逐步实现的过程，其中尊重劳动是实现体面劳动的基础，以人为本是实现体面劳动的前提，提高人力资本的价值是实现体面劳动的条件，制定和严格执行劳动法规是实现体面劳动的保障，培育企业社会责任感是实现体面劳动的要求。

2. 体面劳动的意义

让劳动者实现体面劳动是落实以人为本的要求 以人为本，就是要把人类的生存作为根本。以人为本，不仅主张人是发展的根本目的，而且主张人是发展的根本动力。一切为了人，一切依靠人，二者的统一就构成以人为本的完整内容。落实到实际工作中，以人为本就是要以广大人民的根本利益作为我们一切工作的出发点和落脚点，不断提高人民群众的生活水平和幸福感，促进人的全面发展。而要做到这点，就必须尊重劳动、尊重知识、尊重人才、尊重创造，尊重和保护一切有益于人民和社会的劳动，不论是体力劳动还是脑力劳动，不论是简单劳动还是复杂劳动，一切为我国社会主义现代化建设做出贡献的劳动，都应该得到承认和尊重。国际劳工组织也强调体面劳动必须是"在自由、公正、安全和具有人格尊严的条件下"，体面劳动体现的是人的尊严、人格上的平等和自主，尊重劳动、尊重劳动者的尊严和权利，这正是体面劳动的核心或是本质。因此，实现体面劳动是落实以人为本的要求。

让劳动者实现体面劳动是时代精神的体现 时代精神是每一个时代特有的普遍精神实质，是一种超脱个人的共同的集体意识。就当前来说，改革创新是时代精神的核心。让劳动者实现体面劳动既是改革创新的时代精神在社会建设方面的体现，又是激发劳动者创新精神和创新潜力的重要举措。经济全球化，既给各国发展带来了难得的机遇，也带来了严峻挑战。而体面劳动就是为应对经济全球化所带来的种种机遇和挑战而实施的重要社会政策和措施，其目的就是要通过体面劳动的落实，来激发广大劳动者的创新意识和创新精神，提高企业的创新能力，促进经济和社会的创新发展。正如习近平总书记所说："为防止出现机器排挤劳动、资本所得挤占劳动所得的现象，我们提出尊重和保护一切有益于人民和社会的劳动；提出让一切劳动、知识、技术、管理和资本的活力竞相迸发，让一切创造社会财富的源泉充分涌流；提出要在积极发展资本和技术密集型企业的同时，大力发展劳动密集型企业；提出就业是民生之本，要以创业带动就业，使更多劳动者成为创业者；提出完善面向所有困难群众的就业援助制度，及时帮助零就业家庭解决就业困难；提出加强人力资源能力建设，对职工进行技能培训，全面提高职工素质；提出最大限度激发劳动者创新能力和活力，提高创新效率；提出发展为了人民、发展依靠人民、发展成果由人民共享；提出逐步提高居民收入在国民收入分配中的比重，提高劳动报酬在初次分配中的比重，等等。"所有这些努力让劳动者实现体面劳动的重要举措，都是为了充分调动广大劳动者的创新能力和全社会的创新活力，都充分体现了改革创新、与时俱进的时代精神。

让劳动者实现体面劳动是社会建设的重要基石 党的十八大提出经济、政治、文化、社会、生态文明建设五位一体的总体布局，党的十九大提出，在社会建设方面，要坚持在发展中保障和改善民生，在发展中补齐民生短板、促进社会公平正义，在幼有所育、学有所教、劳有所得、病有所医、老有所养、住有所居、弱有所扶的基础上不断取得新进展。而体面劳动、尊严生活不仅与社会建设的目标高度一致，而且是社会建设的坚实基础。因为实现体面劳动，意味着劳动者不仅要有一份工作，而且要有平等的就业机会、安全的工作条件和合理的收入、充分的社会保障；意味着要尊重劳动，尊重劳动者的尊严和权利，落实劳动者"主人翁"地位，使每个劳动者通过体面的、有尊严的劳动来主宰自己的命运。因此，没有体面劳动，就不能充分发挥广大人民群众的聪明才智和建设社会主义的积极性，社会建设就无从谈起；没有有尊严的生活，就不能满足人民日益增长的美好生活需要，和谐社会的建设就会失去动力和活力。

让劳动者实现体面劳动也是尊重和保障人权的重要举措 尊重和保障人权是民主政治的基本要求，也是我们党执政的基本目标。劳动者权利是人权的重要组成部分，而保护劳动者权利不仅是体面劳动的重要内容，也是体面劳动的基本要求。体面劳动至少涉及劳动者三个方面的权利：一是工作中的基本人权，关系着人道主义和劳动者的尊严与自由的权利，是体面劳动的前提和必要条件；二是就业和社会保障，属于生存权，关系着劳动者及其家庭的生存，是体面劳动的主要内容；三是社会对话，属于知情权和参与权，是保障劳动者实现体面劳动的基本手段。可以说，我国党和政府为实现劳动者体面劳动所做出的种种努力，是尊重和保障劳动者人权的重要举措。

3. 体面劳动的基本要求

实现劳动者体面劳动要达到哪些要求？或者说，体面劳动的标准是什么？这是落实体面劳动的努力方向，同时也是一个不断发展和变化的过程，随着社会的发展，这个要求也必然会发生变化。一般来说，实现体面劳动必须达到以下四个基本要求，否则的话就不能称之为体面劳动。

劳动者的权利得到有效的保护 保护劳动者的权利既是体面劳动的基本

要求，也是实现体面劳动的前提，更是尊重劳动和劳动者的具体体现。具体来说，体面劳动者的权利主要包括如下内容（表5-1-1）。

表 5-1-1 体面劳动者的基本权利

基本权利	具体内涵
政治民主权	劳动者享有由宪法等法规规定的各项政治权利，在企业也应具有表达权和对经营情况的知情权
劳动报酬权	劳动者付出的劳动应得到相应的合理报酬
劳动保障权	所有用人单位都要按照《劳动法》《劳动合同法》的有关规定与劳动者签订劳动合同，为劳动者缴纳养老、医疗、工伤、生育、失业等社会保险
知情参与权	劳动者对用人单位的性质、生产经营状况、发展状况、重大事项特别是涉及劳动者切身利益的重大事项等应有知情权；用人单位要定期向劳动者公开通报，并就涉及劳动者利益的决策、制度等重大事项在出台前先征求工会或劳动者的意见
事业发展权	对于劳动者的技能、素质提升和个人的成长进步，用人单位应提供必要的条件、合理的经费和相应的设施，为劳动者提供成长发展平台，让劳动者实现自己的人生价值
法定的休息休假权	劳动者的工作时间要严格按照劳动法规定执行，不得超时，在国家法定节假日应得到休息，确实需要加班时，应征得劳动者同意，并按照规定发放加班工资或予以调休
劳动安全保护权	用人单位应给劳动者提供安全的工作设施、劳动工具和工作环境，劳动者有对自己的劳动环境和工作条件提出合理要求的权利
就业择业权	政府和企业要创造更多体面的工作岗位，保障劳动者的就业权、充分尊重劳动者意愿，给劳动者充分的择业自主权，不能使劳动者被迫接受不可以接受的工作
精神文化权	用人单位应为劳动者创造幸福快乐的工作和生活环境，丰富劳动者业余文化和体育生活，满足劳动者的精神文化需求
成果共享权	实现体面劳动必须强调全员性，惠及广大劳动者，让劳动者能够共享社会和企业的发展成果

劳动者要得到合理的劳动报酬 劳动者得到合理的劳动报酬既是劳动者的基本权利，也是劳动者体面生存和发展的基本条件。只有公平合理的收入分配机制，才能保证劳动者体面的劳动、有尊严的生活。至于什么样的劳

动报酬才是合理的，并没有统一标准，不同的地区、不同的单位、不同的岗位，劳动者的报酬标准都不一样。但是，没有统一的标准并不表示没有可以衡量劳动者获得的劳动报酬是否合理的原则。一般来说，劳动者获得的劳动报酬是否合理可以从以下几个方面衡量：一是劳动者得到的报酬与他所付出的劳动的量和质、所做出的贡献是否相称？二是劳动者的收入水平不得低于本国家、本地区、本行业最低工资标准；三是用人单位应定期、不拖欠地发放劳动者的报酬；四是劳动者的报酬要公平，这既是指劳动者之间的收入差距不能过于悬殊，要保证劳动者及其家庭的基本生活需要，也是指在同一单位工作的劳动者要做到同工同酬；五是随着经济社会的发展，不断增加劳动者的劳动报酬，并使之与国民收入增长的速度相适应，企业同样也要随着效益的提高而增加劳动者的报酬。六是要为劳动者构建合理的收入分配机制，尤其是要提高劳动报酬在初次分配中的比重，健全由要素市场决定的报酬机制，这点是非常关键的。

劳动者能得到充分而有效的社会保护　充分而有效的社会保护既是体面劳动的重要内容，又是实现体面劳动的重要条件，是劳动者的基本权利，因而也是实现体面劳动的基本要求（图5-1-1）。体面劳动的社会保护主要包括社会保障和职业健康安全两个方面的要求。其中社会保障包括针对劳动者失业、养老、疾病、生育、工伤等方面的社会保险，也包括社会救济、社会福利等措施；职业健康安全则主要包括为劳动者提供在职业和卫生方面安全的工作环境、劳动工具、工作设施和工作条件。

图5-1-1
劳动者权利受法律保护

能够为劳动者提供足够的工作岗位　就业是民生之本，也是实现体面劳动的基本前提。只有实现充分的就业，劳动者才能生活的体面、有尊严。无

图 5-1-2
要为劳动者提供充分的就业岗位

劳动无法生存，更谈不上体面地有尊严地生存。因此，为劳动者提供足够的工作岗位，是劳动者体面生存的基本前提，更是实现体面劳动的基本要求和保障（图5-1-2）。这里，足够的工作岗位有这样四层含义：一是指政府要尽量为劳动者创造更多的、生产性的、体面的工作岗位，包括扶持、激励、支持创业；二是要消除就业的制度障碍和就业歧视，努力追求和实现劳动平等，让所有的劳动者能够机会平等地参与劳动和参与劳动竞争；三是充分尊重劳动者意愿，给劳动者充分的择业自主权，不能让劳动者被迫接受不应接受的工作；四是加强就业创业培训，提升劳动者的就业能力，给他们创造更多的就业机会和发展机会。

4.中国实现体面劳动的实践探索

国际劳工组织关于体面劳动的理念和倡议，得到中国共产党和中国政府的积极响应。维护和发展劳动者的利益，尊重劳动，努力让劳动者实现体面劳动，已经成为党和政府的重要奋斗目标，并为此付出了诸多努力，进行了许多有益的实践探索。具体来说：一是体面劳动的理念得到我们党和政府的大力肯定与践行。2007年4月，原劳动与社会保障部、中国企业联合会、中华全国总工会与国际劳工组织北京局签署了"体面劳动与中国国别计划"，表明了中国对体面劳动的积极响应。2008年1月17日，时任中共中央总书记、国家主席胡锦涛在"2008年经济全球化与工会"国际论坛开幕式的致辞中指出，"让各国广大劳动者实现体面劳动，是以人为本的要求，是时代精神的体现，也是尊重和保障人权的重要内容"。这一精辟论断对于我国乃至全球范围内体面劳动的实现与可持续发展都具有重要意义。2013年，习近平总书记在五一前夕看望全国劳模代表时更是明确指出：全社会都要贯彻尊重劳动、尊重知识、尊重人才、尊重创造的重大方针，维护和发展劳动者的利益，保障劳动者的权利。要坚持社会公平正义，排除阻碍劳动者参与发展、分享发展成果的障碍，努力让劳动者实现体面劳动、全面发展。这一论述深刻地揭示了体面劳动的内涵和本质，为进一步推动我国体面劳动理念的贯彻和落实指明了方向。

二是加强落实体面劳动的法律法规建设。近年来，我国出台大量的规范性文件和指导意见，推进体面劳动的落实。如修订《劳动法》和《劳动合同法》，对劳动者的合法权益予以保护；把拒不支付劳动报酬罪纳入《中华人民共和国刑法修正案（八）》，进一步强化了刑法对民生的保护，彰显了公平与正义，推动劳动者合法、有尊严地实现体面劳动；颁布《最低工资规定》，维护劳动者取得劳动报酬的合法权益，保障劳动者个人及其家庭成员的基本生活等。

三是大力发展职业教育与职业培训，提升劳动者的就业能力。提升劳动者素质和就业能力，既是经济社会发展的重要保证，也是实现体面劳动的重要条件。这就必须大力发展职业教育与职业培训。改革开放以来，我国职业教育无论是办学规模还是办学质量都取得了巨大的进步，为我国经济社会发展培养了数以亿计的高素质劳动者。党的十九大报告明确提出，要完善职业教育和培训体系，深化产教融合、校企合作。2019年1月，国务院颁布《国家职业教育改革实施方案》更是把发展职业教育与职业培训，提升劳动者素质和就业能力上升到国家战略的高度。

四是充分发挥工会的协调作用。在中国推进体面劳动的过程中，我国特别注意发挥各级各类工会组织在倡导体面劳动、宣传体面劳动、丰富职工文化生活、维护劳动者权益、协调劳资关系、促进就业、推动党政和企业努力实现劳动者的体面劳动方面的作用，并取得了显著成效，工会已经成为我国推动、实现体面劳动的重要力量。

五是初步建立实现体面劳动的长效机制。在落实体面劳动的过程中，中国共产党和中国政府通过加强体面劳动的法律法规建设、加强对体面劳动的执法与监督、完善社会保障体系、加强体面劳动的宣传与教育、努力扩大和促进就业等途径，在国民收入分配机制、社会保障机制和劳动者权益保障机制建设方面取得了显著成绩，初步形成了实现体面劳动的长效机制，为体面劳动在中国的全面实现打下了良好的基础。

【案例品读】

从面朝黄土到智慧种田　青岛农民体面劳动惬意生活

面朝黄土背朝天，是农民祖祖辈辈辛苦耕作的情景写照。然而，走马青岛乡村大地，随处可见农业插上智慧翅膀，农民过上智慧生活的喜人景象：无人驾驶拖拉机驰骋田野，无人植保机1天飞防作业超过20公顷，智能新技术让1人轻松饲养8万只鸡，新品种蓝莓亩产值达到8万元。智慧农业让农民过上了"智慧生活"，不再为农产品滞销心急，不需为农作物打药不及时影响产量而上火。智能科技服务体系，不仅让农村土地"转起来"，而且让农村集体资产"活起来"。青岛市7个涉农区、市成立了农村产权交易平台，开展信息发布、政策咨询、资格审查、资产评估、抵押登记等产权交易服务，全市农村产权交易额累计达到27亿元，以土地为核心的农村集体资产盘活了。智能农产品监管体系让青岛农品"火起来"。农产品质量安全监管、农药经营追溯、畜牧业安全监管智慧平台将1 200家种植主体、5 000家畜禽养殖主体和3 000多家农资经营主体全部纳入平台监管，实现实时掌控，青岛成为国家农产品质

◎案例解析：从这个案例我们可以看出，在中国要实现体面劳动，一是要靠中国共产党的正确领导，没有党的坚强领导，没有改革开放的正确路线，就不可能有青岛农村的改革和巨大变化；二是要靠科学技术，不依靠科技和智慧种田，农民永远也改变不了靠天吃饭，收入没保障的局面；三是要靠广大劳动者的辛勤劳动，没有辛勤劳动就不可能过上体面惬意的幸福生活。

图5-1-3
传统农业劳动

图5-1-4
智慧农业

量安全市。自古以来,面朝黄土背朝天,日晒雨淋,农民劳动强度大;靠天吃饭,农民收入没保障,是农民心中永远的痛。减轻劳动强度,实现有尊严的体面劳动,过上收入有保障的惬意生活,成为千百年来广大农民梦寐以求的梦想。现在,青岛农民依靠科技和智慧种田实现了这个梦想(图5-1-3和图5-1-4)。

(资料来源:《科技日报》,有改动。)

话题探讨

近年来,我国就业市场上出现了一种怪现象:一方面,公务员及事业单位招聘考试场面火爆,竞争激烈;另一方面,企业生产一线的技术技能人才严重短缺却无人问津。在有些人看来,除了当公务员和在事业单位工作,其他都是临时工。对此,你有什么看法?

5.2 促进劳动者全面发展

随着以人工智能为核心驱动力的科技革命的迅猛发展和技术迭代速度的不断加快，未来职业的变化之快远超想象，过去那种"一张文凭管终身、一技在手行天下"的时代一去不复返了，"技多不压身艺高人胆大"，一专多能、素质优良才能有效应对就业的挑战。那么，作为职业院校的学生，应该从哪些方面努力提高自己的劳动能力和素质，更好地应对未来职业变化的挑战？

【劳动认知】

1. 劳动与人的全面发展

人的全面发展主要是指人的劳动能力的全面发展，即人的体力和智力的全面、和谐、充分的发展，还包括道德的发展。劳动与人的全面发展关系密切，一方面，劳动对于促进人的全面和谐发展至关重要，以劳立德、以劳增智、以劳强体、以劳育美，劳动是人的存在方式，是促进人的全面发展的重要手段和途径，离开了劳动就不可能有人的全面发展；另一方面，保障和促进自身的全面发展是劳动者的基本权利，是劳动者实现体面劳动和企业长远发展的重要条件，没有劳动者的全面发展和劳动者素质的不断提高，不仅难以实现劳动者的体面劳动，也无法充分调动劳动者的生产积极性，将严重影响企业的生产效率和长远发展。当然，劳动者的全面发展是一个动态的发展过程，第一，从人的自身发展规律来说，有一个逐步发展的过程，劳动者素质和劳动能力的提高不可能一蹴而就，也不可能一劳永逸；第二，随着社会生产力和社会经济的不断发展，劳动者全面发展的要求和内涵也在不断变化和提高。总之，人的全面发展离不开劳动，而劳动效率的提高又离不开人的全面发展，两者互相依存，相互促进（图5-2-1）。

图5-2-1
提升劳动者素质

2.劳动者的全面发展是企业发展的根本动力

劳动者的全面发展不仅是劳动者的重要权利，是劳动者实现体面劳动的重要条件，也是企业发展的根本动力。马克思主义认为，在生产力诸要素中，人是生产力中最活跃的因素。发展生产力既是劳动者的体脑付出，又是劳动者体脑结合、身心并用的劳动过程。劳动者是企业长期发展、持续价值创造的根本动力，劳动者的劳动能力和劳动态度在企业发展过程中起着至关重要的作用。因此，企业要发展，要提高生产效益，必须解决两个问题：一是如何提高劳动者的劳动素质和劳动能力，二是如何激发劳动者自身的劳动积极性和潜能。要解决这两个问题，企业就必须保障和促进劳动者的全面发展。提高劳动者的劳动素质和劳动能力就是促进劳动者全面发展的主要内容，而当劳动者在企业得到全面发展，劳动者的劳动积极性就会被充分调动起来，自身的劳动潜能就能得到充分发挥，企业的发展就有了根本动力和保障。

3.促进劳动者全面发展的途径

加强技能培训 职业技能是企业员工的立足之本，是劳动者实现体面劳动的基本条件，也是企业提高生产效率和产品质量的重要保障。无论是从促进劳动者全面发展，还是从保障企业的长远发展来说，企业都必须加强员工的技能培训，尤其是随着科学技术的快速发展和技术更新的不断加快，过去那种"一技定终身、一技管终身"的局面已经一去不复返了，加强企业员工的技能培训显得更为重要。作为企业和用人单位，一是要高度重视员工的技能培训，提高对员工技能培训的认识，将员工培训纳入企业发展规划，制订员工的培训计划，完善员工培训制度；二是要大力支持员工技能培训，为员工的培训提供经费、场地、设备和时间保障；三是要建立员工技能培训激励机制，通过学费报销、提职、加薪、奖励等办法鼓励员工通过各种途径提高自己的职业技能水平；四是要深化产学合作。技能培训一般由职业院校和技能培训机构组织开展。企业要主动加强与职业院校和职业技能培训机构的合作，建立校企合作的长效机制，提高技能培训的实效性和针对性（图5-2-2）。

图5-2-2 加强技能培训

提高职业素养 职业素养是指职业内在的规范和要求，是劳动者在劳动过程中表现出来的综合品质，包括职业道德、职业技能、职业行为、职业作风和职业意识等方面。职业素养不仅是一个人职业生涯成败的关键因素，更是企业安全生产、产品质量、效益提升的重要保证，决定着企业的发展与未来。因此，提高员工的职业素养是促进劳动者全面发展和企业长远发展的重要途径和举措。企业应该高度重视员工职业素养教育，通过学历提升、在职培训、制度规范、企业文化熏陶、学习型组织建设等途径，不断提高员工的职业素养。劳动者也要注意自主寻求职业素养的提高。

丰富文化生活 劳动者不仅需要满足物质需求，还需要满足精神文化需求，而且随着社会经济的发展和物质生活水平的逐步提高，人们对精神文化生活的需求更为迫切。因此，丰富职工的文化生活，不仅是满足职工精神文化生活，提高职工幸福指数的重要举措，而且有利于促进劳动者的全面发展。具体来说，丰富文化生活，一是可以增强企业凝聚力，激发员工的创造活力和爱企业的激情，提升员工立足岗位、攻坚克难的信心和决心；二是有利于促进员工身心健康，营造和谐上进、健康向上的企业文化氛围，提高企业文化软实力；三是给员工展示才艺创造空间，给培养才情创造条件，满足他们健康向上的精神需求。

培养兴趣爱好 兴趣作为个体的典型心理倾向，在很大程度上决定着员工的行为和努力程度，影响着员工是否能在工作中感到幸福和满意。健康的兴趣爱好可以使员工更加热爱生活，能够不断地带给员工快乐与幸福，从而提高企业的凝聚力和向心力；可以帮助员工克服各种各样的困难，培养员工顽强的毅力和攻坚克难的勇气；可以激发员工的智力和创造力，提高他们解决问题的能力。因此，了解员工的兴趣、有意识地培养员工的兴趣爱好，不仅能促进员工的全面发展，也有利于企业的长远发展。为此，作为企业，一是要充分调查和了解员工兴趣，合理进行智能规划，做到人尽其才，从而激发员工对工作的极大兴趣与热情。二是要让员工自由地选择工作岗位及参与目标的制定。将合适的员工放在最合适的岗位，达到岗位与人员的合理配置。三是要适当进行工作流动。恰当的岗位轮换可以让员工寻找到自身的潜力与兴趣所在。丰富的工作内容不仅可以充分地调动员工的好奇心，更是发掘员工真正兴趣的必要方式。四是要注意培养员工的兴趣。培养员工的兴趣首先要帮助员工了解各个岗位的具体工作要求，特别是在工作说明书中明确地阐明工作流程与内容。然后通过一些激励手段，有意识地培养员工积极、健康向上的兴趣爱好（图5-2-3），更要善于把员工的兴趣转移到自主学习、钻研技术、改革创新等符合企业发展需要的兴趣和爱好上来。

图5-2-3 培养员工兴趣爱好

作为劳动者也要充分了解自己的兴趣，尽量找到与自己兴趣一致的工作岗位；注意培养自己健康向上的兴趣爱好，尤其是对工作岗位的兴趣，做到干一行、爱一行、精通一行，用自己劳动的奉献和成果，来成就自己出彩的人生。

【案例品读】

陆建新：从基层测量员到大国工匠

2020年10月14日，在深圳经济特区建立40周年庆祝大会上，一位普通的基层建设者吸引了广大观众的眼球，他就是来自中建集团的陆建新，作为中共深圳市委、深圳市人民政府表彰的深圳经济特区建立40周年创新创业人物和先进模范人物代表，他应邀参加庆祝大会，并在大会上作为基层建设者代表发言。

陆建新中专毕业参加工作38年来，他像钉子一样"钉"在建筑施工行业最前线，从最基层的测量员一步一步成长为钢结构建筑施工领域顶级专家，参与承建国内7幢百层高楼中的4幢，带领团队将中国超高层钢结构施工技术推向世界一流水平，被誉为"中国楼王"。他见证并参与了中国超高层建筑从无到有、中国建筑从100米级高度逐步攀升至600米级世界高度的全过程，亲自参与创造了深圳国贸大厦"三天一层楼"、深圳地王大厦"两天半一层楼"的"深圳速度"和广州西塔"两天一层楼"的世界高层建筑施工速度新纪录。1994年，他在建设当时的亚洲第一高楼深圳地王大厦时，他创新测量方法，将大楼整体垂直偏差控制在当时代

◎案例解析：陆建新从一名普通的测量员成长为大国工匠的案例给了我们很多启示：一是一个人的成长离不开时代的发展与造就，正如陆建新自己所说，要"感恩伟大的党、伟大的时代，成就了我们每个平凡人的事业"。二是劳动促进人的全面发展。实践出真知，实践长才干，陆建新的成功，得益于他38年始终坚守建筑施工第一线，在破解施工技术难题的劳动过程中也成就了他个人技术和能力的不断进步和发展。三是一个人的成长离不开个人的不懈努力与奋斗。面对技术发展与迭代的不断加速，学校所学的知识和技能毕竟是有限的，必须牢固树立终身学习的理念，不断学习新知识，刻苦钻研新技术。四是一个人的成长，除了技术和能力外，还要有勤奋敬业、甘于奉献的良好品德素质，才能成为一名真正受人尊敬的大国工匠。

业内世界最高水准的美国AISC标准所允许的偏差的1/3以内。

陆建新孜孜不倦刻苦钻研，不断破解技术难题。他主持研发的"上海环球金融中心超高层复杂体系巨型钢结构安装成套技术"等11项科技成果被鉴定为国际领先或先进水平，主持和参与完成的国家专利达400余项，参与完成的成果获4项国家科学进步奖。在深圳平安国际金融中心项目建设中，他研发出世界领先的"悬挂式外爬塔吊支承系统及其周转使用方法"，减少1 100多个塔吊使用台班，缩短工期96天，创造直接经济效益7 680余万元。该方法在全国多个项目推广应用，获得2017年日内瓦国际发明展特别金奖。

陆建新勤奋敬业，甘于奉献。他始终扎根在条件艰苦的施工一线，从事施工测量长达14年，干过塔吊装卸工、开过卷扬机，即便在职位升迁后，仍坚持在施工现场工作。他在工程质量上严抓细抠、精心打造，用毫米的刻度捍卫中华民族的尊严，成为中国工匠精神的践行者。

（资料来源：央视网，有改动。）

话题探讨 企业希望员工爱岗敬业，"干一行、爱一行、钻一行"；职业院校教师也谆谆教导学生要大力弘扬坚守执着、专业专注的工匠精神；然而，面对人工智能时代未来职业的变幻莫测，"技多不压身，艺多不害人"已成为当前职业院校学生信奉的至理名言。对此，你怎么看？

5.3 提高劳动者待遇

当前,技术工人的供需矛盾相当突出,特别是高技能人才短缺现象尤为严重,这背后的原因涉及多方面,包括技术工人收入水平偏低,各项待遇保障较弱,等等。因此,近年来涉及全国两会的新闻报道中,来自企业一线的劳动者代表和委员都强烈呼吁,要大力提高一线技术技能人才的待遇。那么,劳动者待遇包括哪些内涵?为什么说提高劳动者待遇是实现体面劳动的重要指标?

【劳动认知】

1. 劳动者待遇的内涵

劳动者待遇主要指劳动者物质上的报酬或政治上被给予的权利、地位,包括政治待遇、经济待遇和社会待遇。

政治待遇 政治待遇主要指劳动者应该享有的政治地位、各种政治权利和参与企业、单位内部民主管理的权利。如除劳动者应该享有的国家宪法和法律规定的政治和民主权利、政治地位之外,还应该享有对企业经营情况的知情权、重大决策的参与权、选举权与被选举权、平等对话权、建议权等。

经济待遇 经济待遇主要指劳动者获得的劳动报酬,指生产单位在一定时期(核算期)内以各种形式支付给劳动者的全部报酬,具体包括三部分:一是货币工资,包括生产单位直接支付给劳动者的工资、奖金、津贴、补贴等,按纳税前的支付金额计算;二是实物工资,即生产单位以免费或低于成本价提供给劳动者的各种物品和服务，以及居民自产自用的消费品等；三是社会保险，指单位为劳动者直接向政府和保险部门支付的待业（失业）、退休、养老、人身、医疗、家庭财产等保险金，单位的这些缴款不论在以后什么时候实际支付给劳动者，均计入本期的劳动者报酬。获得适当的劳动报酬是劳动者的重要权利，也是劳动者实现体面劳动的重要指标和保障（图5-3-1）。

图5-3-1 经济待遇是劳动者实现体面劳动的重要指标和保障

社会待遇 社会待遇主要是指劳动者拥有的社会地位、享受的社会保障和社会福利水平。劳动者社会待遇的高低往往是由他的政治待遇与经济待遇决定的。

2. 提高劳动者待遇是实现体面劳动的重要指标

衡量劳动者体面劳动的指标很多，但是劳动者待遇的高低绝对是其中最重要的指标。首先，劳动者待遇涉及的内容十分广泛，包括劳动者的经济待遇、政治待遇与社会待遇，这些待遇本身就是体面劳动者应该享有的权利。体面劳动者应该享有的政治民主权、劳动报酬权、劳动保障权、知情参与权、事业发展权、休息休假权、劳动安全保护权、就业择业权、精神文化权、成果共享权，每一项权利实际上都与劳动者待遇有着非常密切的关系，如劳动报酬权、成果共享权直接关系到劳动者的经济待遇，政治民主权、知情参与权、就业择业权等反映的是劳动者的政治待遇，劳动保障权、劳动安全保护权、休息休假权、精神文化权等就是劳动者的社会待遇。其次，劳动者待遇直接关系到劳动者及其家庭成员的生存与生活质量的高低、好坏。虽然劳动报酬高低不是衡量体面劳动的唯一标准，但是却是劳动者及其家庭生存和发展的基础，更是劳动者实现体面劳动的基础。没有合理的劳动报酬，劳动者个人及其家庭成员的生存或者生活质量就要受到严重影响，何谈体面劳动？再次，劳动者待遇的高低也是劳动者劳动价值的重要体现。劳动者的劳动价值能不能得到充分的体现，劳动者的劳动能不能得到社会的尊重？在很大程度上体现在劳动者的待遇上。因此，劳动者的待遇是衡量体面劳动是否实现的重要指标，无论是全社会还是企业都应该努力提高劳动者的待遇，让劳动者的劳动价值得到充分体现，让劳动者的劳动得到全社会的尊重，让劳动者因为努力劳动而使生活质量不断改善和提高，进而更加有尊严地生活。

【案例品读】

◎案例解析：获得合理的劳动报酬是劳动者生存和发展的重要条件，是劳动者的基本权利，也是企业发展的重要目标和必须承担的社会责任。因此，提高劳动者待遇是实现劳动者体面劳动的重要指标，也是激发劳动者工作积极性和工作潜力的重要手段，是企业发展的强劲动力。山东黄金集团的做法和经验对此做了很好的诠释。该集团在企业发展的同时注重提高劳动者待遇，把提高劳动者待遇、改善劳动者的生活水平作为企业领导班子的工作目标和企业的发展目标，让广大职工充分享受企业发展成果，把以人为本的理念转变为实实在在的"真金白银"。不仅让劳动者实现了体面劳动、尊严生活，而且大大增强了企业的凝聚力和创造活力，促进了企业的发展，实现了劳动者体面劳动和企业发展的"双赢"。

让劳动者体面劳动尊严生活

《求是》杂志2011年第18期以《让劳动者体面劳动尊严生活》为题，介绍了山东黄金集团提高职工待遇，让劳动者实现体面劳动尊严生活的做法和经验。该集团把不断提高企业职工的收入水平视为实现体面劳动、尊严生活的物质前提，坚持"依靠职工发展，为了职工发展，让职工共享发展成果"，把职工的利益与企业的发展紧密结合起来。提出"让劳动者富裕起来"的工作目标，并将其作为"十二五"企业发展的动力和检验企业发展能力的重要指标，把以人为本的理念转变为实实在在的"真金白银"。

在"让劳动者富裕起来"思想指导下，在企业效益连年大幅增长的基础上，山东黄金集团坚持职工收入向一线和关键技术岗位倾斜，在岗职工人均工资由2005年的1.58万元增长到2010年的5.23万元，年均增长27%，2011年职工人均工资比2005年增长了4.4倍，企业职工真正享受到企业发展带来的实惠。

山东黄金集团领导班子认为，让劳动者富裕起来，不应仅限于职工收入水平的提高，更应辐射到职工工作和生活的方方面面。山东黄金提出并实施的"改善民生六件实事"，涵盖了职工职业病防治、绿色矿山建设、职工住宿条件改善、职工野外作业保护、为职工购买人身伤害保险、困难职工救助等诸多方面。

民生工作的持续提升，使山东黄金集团形成了上下一心、众志成城、干事创业的浓厚氛围，山东黄金集团被中华全国总工会授予"全国五一劳动奖状"。

（资料来源：《大众日报》，有改动。）

话题探讨　近年来，国家高度重视技术技能人才队伍建设工作，不断提高技术技能人才待遇。2018年，中共中央办公厅、国务院办公厅印发的《关于提高技术工人待遇的意见》明确提出要"实施工资激励计划，提高技术工人收入水平"。但是，为什么许多年轻人还是不愿意到企业一线从事技术技能工作？

5.4 保护劳动者权益

岗位实习，是提高职业院校人才培养质量的重要途径，是职业院校学生必修的实践课程。然而，在职业院校岗位实习过程中，学生还是面临着各种各样的风险，导致他们的合法权益得不到及时和有效的保障，一旦出现了工伤、薪酬、劳动关系和休息休假等权益方面的纠纷和问题时，学生常常处于维权无门的尴尬境遇。因此，劳动者应该享受哪些合法权益？如何使劳动者的权益得到切实的保障？这是作为职业院校学生应该了解和掌握的基本知识和能力。

【劳动认知】

1. 保护劳动者权益是实现体面劳动的重要保证

劳动者权益，顾名思义，就是指劳动者合法、合理的权力和利益。具体来说，劳动者权益包括劳动者就业权（包括平等就业权和自主择业权）、劳动报酬权、休息权、劳动安全卫生权、社会保险权、职业技能培训权、提请劳动争议处理权以及法律规定的其他劳动权利。保护劳动者权益就是要保护劳动者们的这些合法、合理的权益，这些权益能否得到有效的保护直接关系到劳动者的生存和发展，影响劳动者体面劳动的实现。因此，劳动者权益得到充分而有效的保护，既是体面劳动的重要内容，也是劳动者实现体面劳动的重要保证。国际社会日益重视劳动者权益保护，设立国际劳动节；发布《国际劳工组织公约》，保护劳动者合法权益；制定《儿童权利公约》，防止使用童工等。我国党和政府更是高度重视对劳动者权益保护，2015年4月28日，习近平总书记在庆祝"五一"国际劳动节暨表彰全国劳动模范和先进工作者大会的讲话中明确指出："要建立健全党和政府主导的维护群众权益机制，抓住劳动就业、技能培训、收入分配、社会保障、安全卫生等问题，关注一线职工、农民工、困难职工等群体，完善制度，排除阻碍劳动者参与发展、分享发展成果的障碍，努力让劳动者实现体面劳动、全面发展。"近年来，我国已经颁布了多部法律法规来保护劳动者的合法权益，在劳动者权益保护方面取得了举世瞩目的成绩。但是我们也应该看到，在劳动关系中，劳动者仍然处于劣势地位，加上劳动者维权意识不足、维权能力不够，劳动者权益受损的现象仍然很严重，主要表现在劳动者工作环境安全缺乏保障、企业用工不规范、企业薪酬发放不及时和不到位、劳动者休息休假的权利得不到保障、同工不同酬、性别歧视等，尤其是随着互联网时代的到来，劳动用工方面出现许多新形式、新特征和新模式，给劳动者权益保护工作带来许多新问题和新挑战。如在"互联网+"等新兴就业形态下，出现劳动用工形式碎片、自由、灵活化；劳动者从属性减弱；劳动报酬支付模式改变等特点，导致劳动者劳动关系难以认定、经济收入不稳定、劳动安全和劳动条件难以保障等损害劳动者权益的新问题不断出现。还有以互联网行业为首的各行各业都兴起了加班文化，"996""995"甚至"007"这些通常仅作为紧急情况下的临时加班制度，被越来越多的企业作为日常工作制度，有些互联网企业甚至公然宣称"996"是企业文化，部分企业还以"996工作制"作为变相降薪、开除员工的工具，严重损害劳动者的合法权益。因此，保护劳动者权益还要与时俱进（图5-4-1），不断根据新的情况变化，研究出台新的保

图5-4-1
保护劳动者权益
稳定劳动者收入

护劳动者权益的法律和办法，为实现劳动者体面劳动提供坚强的保障。

2.保护劳动者的合法权益

劳动者权益保护问题涉及政府、企业、社会、劳动者各个方面关系，关系到方方面面的利益，可以说复杂多变，难度很大。如何有效保护劳动者的合法权益？不是单纯依靠某一方就能做到，而是需要政府、企业、社会和劳动者各方努力才能实现（图5-4-2）。

图5-4-2 切实保护劳动者合法权益

法律维权 在诸多劳动者权益保护力量中，党和政府无疑是最重要也是最有力的力量，担负的责任也最大。党和政府对劳动者权益的保护最主要的方式就是通过法律和政策的手段。具体来说，一是要及时制定和完善劳动者权益保护的相关法律法规，为劳动者权益保护提供法律保障。二是要及时出台和修订保护劳动者合法权益的政策，发挥政策导向作用。三是要加强相关法律法规的宣传教育，增强企业和全社会维护劳动者合法权益的法律意识，增强劳动者运用法律保护自己合法权益的维权意识和维权能力。四是要严格执法，加强相关法律法规执行情况的监督检查，确保劳动者权益保护法律法规能够真正得到落实。五是促进工会建立，确立合法产业行动的边界范围以及工会采取产业行动的程序性规定，推动劳资双赢。

工会维权 工会作为职工合法权益的维护者，在劳动者合法权益保护方面发挥着重要作用。具体来说，一是要创新工会组建方式，着力做好新生代农民工、劳务派遣工、新业态职工等群体在内的会员发展工作，建立和健全各类企业的工会组织。二是要努力推动党和政府关于改善和保障民生重要措施的贯彻落实，从源头上维护职工的合法权益。三是要联合政府有关部门、用人单位建立并不断深化健全的三方（政府、企业、劳动者）协调机制，发挥好"协调员"的作用，推动解决工人工资偏低、收入差距过大、休息时间得不到保障等问题，切实维护职工的合法权益。四是工会用互联网联合广大会员提高议价能力。五是要加大宣传教育力度，提高职工的维权意识和维权能力；六是要敦促企业和用人单位，加大职工的教育培训力度，不断提高职工素质和就业能力；七是要加强工会自身建设和自身维权机制建设，最大限度地把广大劳动者组织、吸引到工会组织中，更广泛地代表和维护广大劳动者的合法权益，特别是弱势群体的合法权益，使工会组织真正成为温暖的"职工之家"。

社会维权 社会维权主要指充分发挥社会舆论和社会组织的维权作用。发挥舆论监督作用是党的新闻工作的一项重要职责，是以正确的舆论引导人的一种特殊表现形式。保护劳动者合法权益也是新闻媒体和新闻工作者的一项重要职责，新闻媒体和新闻工作者一方面要大力拓宽劳动保障普法宣传教育渠道，广泛、深入、持久地开展相关法制宣传活动，提高用人单位执行劳动保障法律法规的自觉性，增强劳动者依法维护自身权益的意识；另一方面也要善于抓住带有全局性的关键问题和群众普遍关心的问题，针砭时弊，维护职工群众合法权益。尤其是现在自媒体高度发达，各级工会组织和劳动者要善于发挥社会舆论的监督作用（图5-4-3）。社会组织是人们为了有效地达到特定目标按照一定的宗旨、制度、系统建立起来的共同活动集体。行业协会等社会组织具有目标性强、联系面广、影响力大等特征。社会组织要充分利用自身在本行业、本系统内的影响力，切实维护劳动者的合法权益；还要充分发挥社会组织的社会影响力，在保护劳动者合法权益

图5-4-3
工会是职工合法权益的维护者

方面发挥监督作用。

企业尽责 劳动者是企业乃至整个社会持续发展的基本保证,保护劳动者权益是企业应该履行的社会责任。因此,作为用工主体,企业要提高落实劳动保护法律法规的自觉性。充分尊重和切实维护员工在劳动合同、工资报酬、休息休假、健康卫生、学习成长、生命安全、人格尊严、参与工会等方面的合法权益,建立和发展和谐劳动关系。事实上,实现企业利益和保护劳动者权益并不矛盾。社会在进步,经济在发展,企业和劳动者只有深度合作才能在未来实现共赢。因此,无论是从承担保护劳动权益的社会责任角度,还是从企业长远发展来看,企业都应当自觉肩负起保护劳动者合法权益、建立和发展和谐劳动关系的责任。

劳动者自我保护 在劳动者权益保护过程中,劳动者的自我保护非常重要(图5-4-4)。作为劳动者,一是要加强对《劳动法》《劳动合同法》《劳动者权益保护法》等劳动法律法规的学习,充分了解国家有关劳动者权益保护的法律法规和政策,提高自己的维权意识和维权能力。二是应注意维护自身合法权益,做到事前防范,而不是事后补救。比如,对于新入职的劳动者,入职前要全面了解企业的品质,包括用人单位主体、资信及资质等,依法慎重签订劳动合同,并对合同内容进行详细审查,防范合同中存在的劳动者权益受损风险;对于在职的劳动者,应该自觉遵守企业的规章制度,要明确自己具体的工作时间,法定节假日和工作时间以外确因工作需要加班的要按规定请求企业付加班费等;劳动者离职时,要根据离职的具体情况,按照劳动合同合约相关规定,办好理赔等相关手续,不要留下任何可能导致劳动纠纷或利益受损的隐患,并主动索要企业离职证明书,如果与企业发生争议时应注意留存证据。三是一

图5-4-4 劳动安全

旦出现自己合法权益受损的情况时，要积极寻求劳动仲裁等法律和政府有关部门的帮助，及时挽回自己的损失。四是要加强学习和培训，不断提高自己的综合素质和职业能力。

【案例品读】

李某1995年7月大学毕业后到具有国有企业性质的A公司工作。A公司经济效益很好，员工工资水平较高，1999年A公司又参加了城镇职工基本医疗保险，为所有员工按时足额缴纳了医疗保险费，因此，李某对自己的工作一直比较满意。但天有不测风云，2000年3月初，李某因患上了一场大病而住院治疗。住院期间，A公司以已为李某按时足额缴纳了医疗保险费为理由，停发了李某的工资，要求李某到医疗保险经办机构申请有关医疗待遇。6月中旬，A公司决定发给尚在住院的李某相当于5个月工资的经济补偿金并与李某立即解除劳动关系。李某认为公司侵害了其合法权益，委托代理人向劳动争议仲裁机构提出申诉，请求仲裁机构责令公司补发住院期间的病假工资、撤销解除劳动关系的决定。劳动争议仲裁机构受案后经查，裁决A公司补发李某住院期间的病假工资，并撤销立即解除劳动关系的决定。

（资料来源：搜狐网，有改动。）

◎案例解析：从这个案例我们可以看出，保障员工的合法权益，是企业应尽的社会责任和义务，作为企业，不仅要为员工购买养老等社会保险，而且要保障员工的劳动权，不能因生病扣除员工的工资，更不能因此而解除员工的劳动关系。作为劳动者个人，一是要充分了解自己拥有哪些合法权益，这是保护自己合法权益的前提；二是要熟悉有关劳动的法律法规，既严格遵纪守法，又能使自己的合法权益不会受到损害；三是要提高自己的维权能力，善于依法维护自己的合法权益。

话题探讨

近年来，在劳动者权益保护方面，我们见证了舆论监督的力量，目睹了企业的改变，感受到了党和政府的努力。对待简单粗暴的裁员行为，我们看到了企业道歉的态度，也看到了双方和解之后的"和平分手"；对待恶意欠薪，政府出台《劳动者权益保护法》等相关法律法规，大力惩治"老赖"；对待不幸因公殉职的员工，我们看到了企业对其未成年子女学习和生活费用作出的庄严承诺……可是，为什么损害劳动者合法权益的事件仍然屡禁不止？

延伸探究

1. 吕红，李盛基，金喜在.中国体面劳动——水平测量、评价及影响因素分析[M].北京：科学出版社，2017.

2. 习近平.在庆祝"五一"国际劳动节暨表彰全国劳动模范和先进工作者大会上的讲话[M].北京：人民出版社，2015.

3. 魏长徵."劳动之尊"四维解说：尊重、尊严、神圣与尊贵——基于劳动之人格、权利、使命与成就四个价值维度[J].甘肃理论学刊，2015.3.

4. 本刊记者.体面劳动：当前国际劳工界关注的焦点——钱大东研究员访谈[J].国外理论动态.2009（5）.

5. 习近平.《在2010，经济全球化与工会国际论坛开幕式上的致辞》，2010-02-25.

6.《中华人民共和国民法典》.

7.《中华人民共和国劳动法》.

8.《中华人民共和国劳动合同法》.

9.《中华人民共和国劳动争议调解仲裁法》.

10. 中共中央办公厅、国务院办公厅《关于提高技术工人待遇的意见》（2018年3月22日发布）.

专题六
从劳动锻炼走向工作世界

从身体力行的劳动锻炼中获取经验与知识，是人类文明起源和社会发展的主要方式，也是高职学生从校园成功走向工作世界的必要途径。通过劳动锻炼帮助学生识别职业特征，挖掘与养成职业兴趣，助力职业选择；通过劳动锻炼帮助学生理解劳动是创新的基础条件，培养创新能力，提升创业意识，发现创业机会；通过劳动锻炼帮助学生习得并提升职业技能，形成职业规划，助推职业生涯，成就职业理想。

视频
逐梦青春

6.1

劳动引发职业兴趣，助力正确择业

在消费无人机市场，汪某无疑是第一批吃螃蟹的人。自小就憧憬天空奥妙的他，对制作一个能随意遥控的直升机有着莫名的执着。在兴趣爱好的一路指引下，汪某把遥控直升机的飞行控制系统作为大学毕业设计题目，并和同学一起在深圳创立了公司，从此走上了一条艰苦的研发之路。汪某和他的团队每周保持80小时以上的工作强度，7年的埋头苦干缔造了企业在全球无人机消费级市场第一的业内神话。我们常说"兴趣是最好的老师，坚持是最好的见证"。对此，你怎么看？

【劳动认知】

1. 劳动引发职业兴趣

在劳动中识别职业特征 劳动是人类的本质活动，职业是个体与社会联系的桥梁，将两者融为一体进行系统教育，能够帮助大学生在劳动中识别职业特征。坚持以服务为宗旨、以就业为导向是职业院校办学理念的重要组成部分，学生在校期间通过实习、实训对所学专业有了直观的认知，通过参与真实的生产劳动培养与提高职业能力，在劳动中识别职业的社会性、规范性、目的性和时代性等特征。

职业的社会性 职业是人类在劳动过程中的分工现象，每一种职业都体现了社会分工的细化。职业体现的是劳动力与劳动资料之间的结合关系，不同的社会成员必须在一定的社会构成的不同职业岗位上工作或劳动。

职业的规范性 不同的职业在其劳动过程中都会产生一定的操作规范性，这是保证职业活动的专业性要求。当不同职业在生产产品或提供服务时，还存在伦理范畴的规范性，即职业道德。

职业的目的性 正如劳动是有目的的活动，职业既要满足职业者谋生的需要，同时也要满足社会的需要，只有把职业的个人目的性与社会目的性相结合，职业活动才具有生命力和意义。

职业的时代性 任何时代的职业都会受到那个时代社会生产方式、发展水平的制约。随着科学技术的进步，人们生活方式、习惯等因素的变化必然使得职业被打上时代的"烙印"。

通过劳动识别职业特征，培植学生的劳动精神。目前有些大学生对为什么要劳动、劳动的价值和意义并不清楚，更谈不上劳动情感的强化和劳动精神的建构。加强劳动教育，可以帮助职业院校学生懂得"生活靠劳动创造，人生也靠劳动创造"的道理，纠正理念上的错位，增强劳动自信，懂得"劳动最光荣、劳动最崇高、劳动最伟大、劳动最美丽"的道理，在情感上认同劳动，在实践上亲近劳动，为全面发展奠定基础。

通过劳动识别职业特征，培养高素质劳动者和技术技能人才。任何教育都是为受教育者未来发展服务的，其中包括围绕职业进行的职业性质的认识教育和职业素养建构、职业能力培植等方面的教育。目前，有些大学生对职业、职业岗位、职业劳动缺少初步的认知，导致他们在选择专业方向和未来从事的职业时十分茫然和被动。加强劳动和职业启蒙教育能使学生感知和认识职业，既能帮助他们基于"人类幸福"和"自身完善"选择"适合的教育"，又能为全社会技术技能人才的培养打下基础（图6-1-1）。

图6-1-1 各种职业——我们未来的选择

2.在劳动中挖掘与养成职业兴趣

兴趣是一种无形的动力,每个人都会对自己感兴趣的事物给予优先注意和进行积极探索,更容易表现出心驰神往。职业兴趣是指个体在探究某种职业活动或者从事某种职业活动所表现出来的特殊的个性倾向,它使个体对某种职业给予优先的注意,并具有向往的情感。职业兴趣能够影响个人的职业选择,增加个人的工作满意度,提高职业稳定性和职业成就感。霍兰德将职业兴趣分为研究型、艺术型、社会型、企业型、常规型、现实型六种类型(表6-1-1)。

表6-1-1 霍兰德职业兴趣分类方法

序号	类型	特征	典型职业
1	研究型	思想家而非实干家,抽象思维能力强,求知欲强,肯动脑,善思考,不愿动手。喜欢独立的和富有创造性的工作。知识渊博,有学识才能,不善于领导他人。考虑问题理性,做事喜欢精确,喜欢逻辑分析和推理,不断探讨未知的领域	喜欢智力的、抽象的、分析的、独立的定向任务,要求具备智力或分析才能,并将其用于观察、估测、衡量、形成理论、最终解决问题的工作,并具备相应的能力。如:科学研究人员、教师、工程师、计算机编程人员、医生、系统分析员

续表

序号	类型	特征	典型职业
2	艺术型	有创造力，乐于创造新颖、与众不同的成果，渴望表现自己的个性，实现自身的价值。做事理想化，追求完美，不重实际。具有一定的艺术才能和个性。善于表达、怀旧、心态较为复杂	喜欢的工作要求具备艺术修养、创造力、表达能力和直觉，并将其用于语言、行为、声音、颜色和形式的审美、思索和感受，具备相应的能力。如：艺术方面（演员、导演、艺术设计师、雕刻家、建筑师、摄影家、广告制作人），音乐方面（歌唱家、作曲家、乐队指挥），文学方面（小说家、诗人、剧作家）
3	社会型	喜欢与人交往、不断结交新的朋友、善言谈、愿意教导别人。关心社会问题、渴望发挥自己的社会作用。寻求广泛的人际关系，比较看重社会义务和社会道德	喜欢要求与人打交道的工作，能够不断结交新的朋友，从事提供信息、启迪、帮助、培训、开发或治疗等事务，并具备相应能力。如：教育工作者（教师、教育行政人员），社会工作者（咨询人员、公关人员）
4	企业型	追求权力、权威和物质财富，具有领导才能。喜欢竞争、敢冒风险、有野心、抱负。为人务实，习惯以利益得失，权利、地位、金钱等来衡量做事的价值，做事有较强的目的性	喜欢要求具备经营、管理、监督和领导才能，以实现机构、政治、社会及经济目标的工作，并具备相应的能力。如：项目经理、销售人员、营销管理人员、政府官员、企业领导、法官、律师
5	常规型	尊重权威和规章制度，喜欢按计划办事，细心、有条理，习惯接受他人的指挥和领导，自己不谋求领导职务。喜欢关注实际和细节情况，通常较为谨慎和保守，缺乏创造性，不喜欢冒险和竞争，富有自我牺牲精神	喜欢要求注意细节、精确度、有系统有条理，具有记录、归档、据特定要求或程序组织数据和文字信息的职业，并具备相应能力。如：秘书、办公室人员、记事员、会计、行政助理、图书馆管理员、出纳员、打字员、投资分析员

续表

序号	类型	特征	典型职业
6	现实型	愿意使用工具从事操作性工作，动手能力强，做事手脚灵活，动作协调。偏好于具体任务，不善言辞，做事保守，较为谦虚。缺乏社交能力，通常喜欢独立做事	喜欢使用工具、机器，需要基本操作技能的工作。对要求具备机械方面才能、体力或从事与物件、机器、工具、运动器材、植物、动物相关的职业有兴趣，并具备相应能力。如：技术性职业（计算机硬件人员、摄影师、制图员、机械装配工），技能性职业（木匠、厨师、技工、修理工、农民、一般劳动）

然而，大多数人都并非只有一种兴趣取向（比如，一个人的职业兴趣中很可能同时包含着研究型、社会型和现实型这三种）。霍兰德认为，这些取向越相似、相容性越强，则一个人在选择职业时所面临的内在冲突和犹豫就会越少。

职业兴趣的挖掘与养成不是一蹴而就的，而是在劳动过程中逐渐形成和显现的。为了找到自己的职业兴趣，大学生们要广泛参与到劳动过程中去，寻找自己的兴趣方向。在此基础上通过一步步的职业实践确定自己的职业兴趣和职业发展路径，并持续地通过劳动实践观察和体会是否需要适度调整，形成相对长期且稳定的职业兴趣，最终形成自己的职业向往。职业兴趣让我们可以更为专注地工作（图6-1-2）。

图6-1-2 职业兴趣——专注的魅力

我国职业教育是一种以职业为导向、以能力为本位的教育。职业院校理实一体的课堂教学，能够通过劳动激发职业兴趣；进企业、进车间的顶岗实习，能够为职业生涯做好规划；技术技能积累和创新创业，能够为社会提供科技含量越来越高的产品和设备。只有让自己的知识、技术、能力处于一个动态的发展状态，才能适应职业岗位的需求，而这一切都离不开劳动教育。

3.劳动助力正确择业

在劳动中判断职业类型与内容　对职业类型与内容的认知关乎学生的职业选择。每所职业院校都开设了若干专业，学生入学前在填报高考志愿时，可能对所选专业并不十分了解；进校时，面对众多专业还可能面临专业调剂或者是转专业的情况。学生需要结合自身的兴趣和条件，找到所选专业及对应的职业内容，在此基础上，有针对性地做一些专业实践性的劳动，结合理论学习与研究，做好职业规划。

当代大学生可以通过我国颁布实施的《中华人民共和国职业分类大典》（以下简称《大典》）来了解我国目前的职业分类情况。2015年版《大典》沿用1999年版《大典》所确定的大类、中类、小类和细类（职业）的层级结构，职业分类体系分为8个大类、75个中类、434个小类、1 451个职业，并列出了2 670个工种，标注了127个绿色职业，随着时代的发展增加了9个中类、21个小类，减少547个职业（新增了347个职业，取消了894个职业）（图6-1-3）。

图6-1-3 新兴职业

在劳动中实现职业选择　职业选择是一个人对于自己就业的种类、方向的挑选和确定。它是人们真正进入社会生活领域的重要行为，是人生发展的关键环节。通过职业选择，有利于人和劳动岗位较好结合，有利于学生身份社会化的顺利转变。在做出职业选择之前，大学生需要基于在校期间的劳动表现对自身的职业能力、职业意向进行基本判断，对自己与职业岗位的匹配度进行综合分析，在听取相关专业老师意见建议的基础上，权衡利弊之后审慎选择自己未来的职业方向和职业路径（图6-1-4）。

图6-1-4 职业选择

《人民日报》曾用两个专版刊登了《2019年国家奖学金获奖学生代表名录》，其中江苏建筑职业技术学院学生袁晴榜上有名，成为江苏省6名上榜学生中唯一一名高职学生。该同学组队参加数学建模竞赛，从竞赛中培养职业兴趣；利用课余时间兼职必胜客服务员、学校食堂服务员、电信卡销售员、家教等，从劳动中体悟各种职业；参加禁毒志愿者等各类志愿活动，传播正能量。最终，该同学从一名入校时建档立卡的青涩少年，成长为手捧国家奖学金即将踏上中铁十四局这一大型央企岗位的青年。

在职业选择的探索过程中，以自身劳动实践经历与体验来实现职业选择，通常比单纯靠想象与自我预判找一份似乎能胜任却并不热爱的工作更有意义。近年来高职学生的就业环境正朝着多元、宽容、自由的方向不断发展，鼓励尝试、允许失败的社会氛围逐渐形成；同时，"大众创业、万众创新"的热潮，为"初生牛犊"的高职学生平添了几分信心和胆气。面对竞争激烈的就业形势，高职毕业生应该调整就业期望值，摆正心态，并注意发挥自己动手能力强、上手快的优势，在基层和一线工作岗位上积累工作经验，为以后的发展打好基础。

【案例品读】

百年上海的旗袍传奇——褚宏生

98岁的褚宏生持一把老式剪刀，在平整的布料上游走滑行。他眼力惊人，甚至不用戴眼镜，就可以精准目测出来者的尺寸。他就是被后辈称为"海派旗袍活字典""最后的上海裁缝"的百年上海旗袍传奇人物——褚宏生。

褚宏生出生于苏州吴江，为家中独生子。13岁那年他随家人到上海读书，16岁被父母送去位于上海爱文义路（今北京西路）"朱顺兴裁缝店"当学徒，拜大师傅朱汉章为师，这位腼腆少年与旗袍的缘分由此开启。

褚宏生从手工开始学起，从盘扣、手工缝边、开滚条斜边到熨烫，学习缝制旗袍的整个过程。当同期学徒开始独立干活时，朱汉章还是只让他反复练习手工，年少气盛的褚宏生不服气，找师傅理论，朱汉章劝他踏踏实实做好手上的事情。一件海派旗袍制作，量体、制版、剪裁、制扣四步骤环环相扣，褚宏生在每个步骤上反复钻研，领悟旗袍的分寸感，加之聪慧勤奋，很快出师。

20世纪70年代，当许多裁缝铺开始使用制作时间大大缩短的缝纫机给客人做旗袍时，褚宏生却坚持手工制作，他认为"机器踩出来的衣服硬邦邦的，体现不出女性柔美的气质，人手才能缝出圆润的感觉。"正是褚老作为一名手艺人近乎笨拙和执拗的坚持，将那个时代的美丽故事缝制进旗袍的针针线线中，任时光荏苒，芳华犹存。

2015年，褚宏生在上海高级定制周上，带来"水墨·中国"系列，以水墨为主体，以黑白为主色，打破了人们对传统旗袍的理解。从中国书法所表达的中国文化精神出发，大胆使用黑白两色去传达东方旗袍的美，颠覆了过去人们对旗袍的认知，

◎案例解析：旗袍是中国传统服饰之一，有过辉煌，也曾销声匿迹，正是因为有褚宏生为代表的大师级裁缝们对自己工作浓厚的兴趣和几十年如一日对手工制作的坚持，才能让中国的旗袍在这个成衣泛滥的时代里依旧熠熠生辉。审美的多元与交融、时代的变迁与发展，不变的是劳动对发现美和创造美的启迪。劳动发掘职业兴趣，劳动助力正确择业，美好生活都是奋斗出来的！当代大学生，应当沉心学习、动手劳动，以精益求精的态度，把职业当成事业，真正享受劳动的快乐。

惊艳全场，成为当年上海高级定制周靓丽的一幕。

（资料来源：封面新闻，有删改。）

话题探讨　谚语"三百六十行，行行出状元"的意思是说，各行各业都有杰出的人才，我们无论从事什么行业，都能做出成绩，成为这一行的专家、能人。随着社会分工细化和新兴行业与职业不断涌现，即将步入职场的我们时常会担心自己入错行、走弯路，我们应当如何结合自己的兴趣，理智地选择与判断呢？

6.2

劳动培养创新能力，提升创业意识

陈某这位95后创业者的梦想起航于一段叫《葵花的第七十三封信》的视频。视频讲述了留守儿童葵花写给外出父母七十三封信的故事，故事里孩子无助的呼唤让当时在浙江读书的陈某萌生投身教育公益活动的想法。她在大二组建起了自己的创业团队，并带领团队分别赴青海、南海三沙的学校搭建在线支教基地，在学校的支持下，凭借自主研发的3项国家专利，注册并成立了两家教育创业公司。校园创业你是否赞同，如何在劳动实践中寻找自己的创业方向？

【劳动认知】

1. 劳动培养创新能力

劳动是实现创新的基本条件　劳动激发创新。创新一直是引领社会发展的第一动力，古往今来，勤劳的人们在日常的劳动中不断认知与实践，无论是田间地头随处可见的耕犁、水车，还是新时代网民津津乐道的高铁、网购，都是人们在生产生活中面对困难，通过劳动解决问题，实现创新与创业的鲜活案例。劳动与创新的关系主要体现为：

劳动是创新的主要资源和核心动力。劳动作为人类生存和发展的基础，是生产物质资料的过程，在工业经济时代资源的有限性与经济社会发展需求的无限性之间一直存在日益尖锐的根本矛盾。解决这一矛盾的唯一选择就是劳动创新，特别是科技劳动创新。劳动创新可以通过知识实现以富有资源替代短缺资源、以可再生资源替代非可再生资源，逐步实现对物质资源和能源的节约化和循环化。

劳动是创新成果价值追求和财富分配的依据。现今的知识经济时代，人们对社会价值的追求主要集中在知识上，知识的占有和创新是关键，"按劳分配"的"劳"，不再是非知识性劳动和重复劳动的贡献，而是包括知识创新在内的知识性劳动的贡献；"按要素分配"的"要素"，也不再是资本和物质要素，而是包括科技、文化等在内的知识要素。

劳动是创新人才成长和发展的依托。无论是农业经济、工业经济还是知识经济的发展都离不开人力资本和创新人才。作为知识经济主导和支柱的智力和高新科技产业，必须依靠创新人才，特别是实践创新人才。现在经过劳动实践而成长起来的创新人才已成为各个国家、各个企业之间竞争的焦点。

创新劳动的特征　所谓创新劳动，就是发现、发明和创造人类在质上尚未有或部分尚未有的新使用价值的劳动。创新劳动具有以下特征：

挑战性。创新就意味着挑战。创新劳动要创造人类在质上尚未有或部分尚未有的新使用价值，这本身就是对人类历史的一种挑战，就是对所要取代的"旧质使用价值"的挑战，也就是对相关重复劳动的挑战。这无异于认为"旧质使用价值"即将终结，也无异于认为批量生产这种"旧质使用价值"的重复劳动即将终结。反之，重复劳动则不具挑战性，任何重复劳动都是对一定创新劳动及其创新成果的肯定。对于创新劳动，这种挑战性既是贯穿始终的，又是全方位的。无论是创新的开始，还是创新的过程以及创新的结果，都将充满挑战性。同时，创新劳动者要完成一定创新，无论是在思想、观念、理论还是在知识、手段、实践上，都具有挑战性。挑战性造就了创新劳动者、创新劳动和创新成果的特殊品格。可以说，这是创新劳动者之所以是创新劳动者、创新劳动之所以是创新劳动、创新成果之所以是创新成果的第一特点。

风险性。如果创新意味着挑战，挑战意味着风险，那么创新也意味着风险。由于任何创新劳动都要创造一种人类在质上尚未有或部分尚未有的新的使用价值，都是对一定重复劳动及其生产的旧的使用价值的挑战，因而必然带来风险。反之，由于重复劳动不具挑战性，因而也就不存在这种风险性。作为创新劳动者，不仅要具有敢于挑战的品格，而且还要具有勇担风险、善经失败的胆识和可容挫折、承受打击的心理空间。人类的创新实践反复证明，在创新劳动特别是重大创新的劳动过程中，在任何一次失败，哪怕是在成功前的最后一次失败面前怯阵、止步，"新的使用价值"也不能最终产生，甚至会导致整个创新劳动的失败。成功属于不畏惧失败的人。

革命性。创新劳动，不仅具有挑战性和风险性，而且具有比挑战性、风险性更为重要的革命性。作为创新劳动者，不仅必须具有挑战性和风险性品格，而且也必须具有革命性品格；否则，不仅不能取得创新成果，而且也不可能从事创新劳动。革命性是贯彻到底的挑战性和风险性。同时，从创新劳动的结果来看，与创新劳动的挑战性、风险性相伴生的不仅是一般性的高回报，而且作为其回报的成果还必然具有革命性；甚至在使用价值和综合价值意义上，只要没有革命性或部分革命性的回报成果，无论其回报率多么高，都不能成为创新劳动成果，并且不仅不能成为原生性创新劳动成果，也不可能成为继发性创新劳动成果。无论是马克思、恩格斯，还是其他取得伟大成功的创新劳动者，都把创新看作是历史上一种革命的力量。从挑战性到风险性、再到革命性，贯穿于创新劳动的开始、中间、结果等整个过程。对于创新劳动来说，若没有革命性，其挑战性、风险性就失去了最终目的和实际价值，也就不会是真正的创新劳动。

这些特征，揭示了尊重和推崇创新性劳动的原因，创新性劳动就是要激发亿万劳动者的创新自觉与活力，把蕴藏在工人阶级和广大劳动群众中的无穷创新创造活力激发出来。高职院校要加强劳动教育和创新创业教育，加快完善创新激励政策，营造鼓励大学生创新的校园文化，为那些想创新、能创新的大学生提供更多样的机会和更广阔的舞台，推动实现"人人皆可创新，创新惠及人人"。

创新劳动的形式 人类劳动不仅可以概括为创新劳动和重复劳动两大类，还有两种不同情形，这就是原生性创新劳动（或完全性创新劳动）和继发性创新劳动（或部分性创新劳动）。

原生性创新劳动是发现、发明和创造人类在质上完全尚未有的新使用价值的劳动。因为首次产生使用价值，故称之为原生性创新劳动。其成果往往是一种质上全新的使用价值，故又称为完全性创新劳动。现在思想理论、科学技术以及文学艺术等领域所说的"原始创新""源头创新"，也就是常被人们说起的"原创"，就产生于原生性创新劳动，属于原生性创新成果。

继发性创新劳动是发现、发明和创造人类在质上部分尚未有的新使用价值的劳动。它不是使用价值的首次产生，而是在已有创新劳动成果基础上的继续发现、发明和创造，所以称之为继发性创新劳动。其成果往往不是一种质上全新的使用价值，而只是一种质上部分新的使用价值，故又称为部分性创新劳动。古今中外，人们在政治、经济、军事和思想、科技、文化等方面对原有创新劳动成果进行的修正、改进、提高和补充、丰富、发展等，大体上都属于继发性创新劳动和继发性创新成果。

人类的第一件石器、第一把青铜工具、第一个铁制品武器、第一架蒸汽机、第一台发电机和电动机、第一部电子计算机，都是人类原生性创新劳动发现、发明和创造的成果，即原生性创新成果；在这一系列"第一"的基础上加以改进提高和发展的产品，则是人类继发性创新劳动发现、发明和创造的成果，即继发性创新成果（图6-2-1）。人类的创新史已证明，原生性创

图6-2-1
轮胎的创新

新劳动及其原生性创新成果和继发性创新劳动及其继发性创新成果，都是客观存在的。无论是哪一种，劳动的创新属性都体现了创新是人的本质属性，每个人都有创新的可能。

2.劳动提升创业意识

劳动中发现创业机会　劳动带动创业。创业是对自己拥有的资源或通过努力对能够拥有的资源进行优化整合，从而创造出更大经济或社会价值的过程。创业是一种劳动方式，是一种需要创业者组织、运用服务、技术、器物作业的思考、推理、判断的行为。创业不仅需要外在的完善的客观条件，还需要创业者有清醒的认识和足够的能力，辨别出创业机会且发掘出其中的价值（表6-2-1）。

表6-2-1　创业机会识别

创业机会类型	具体描述
问题	创业的根本目的是满足顾客需求，而顾客需求在没有满足前就是问题。寻找创业机会的一个重要途径是善于去发现和体会自己和他人在需求方面的问题或生活中的难处
变化	创业的机会大都产生于不断变化的环境，环境变化了市场需求、市场结构必然发生变化。这种变化主要来自产业结构的变动、消费结构的升级、城市化加速、人口思想观念的变化、政府政策的变化、人口结构的变化、居民收入水平提高、全球化趋势等诸多方面
创造发明	创造发明提供了新产品、新服务，更好地满足顾客需求，同时也带来了创业机会。比如随着计算机的诞生，计算机维修、软件开发、计算机操作的培训、图文制作、信息服务、网上开店等创业机会随之而来
竞争	如果你能弥补竞争对手的缺陷和不足，这也将成为你的创业机会。看看你周围的同学们，如果你能比他们做得更快、更好，你也许就找到了适合自己的创业机会
新知识、新技术的产生	当新知识、新技术产品产生之时，物以稀为贵，可获取高额收益。例如，随着健康知识的普及和技术的进步，围绕"水"就带来了许多创业机会

上述五种创业机会的发现与发掘，是基于劳动经验、针对劳动需求的识别，是实现创业的先决条件和坚实基础。大学生们一定要有一双善于发现和捕捉机会的眼睛，才能将创业的可能变为创业的实践。

创业是一种"集体劳动" 创业不是一个人的单打独斗，而是一群志同道合的人的集体劳动。为了顺利完成创业目标，他们组建一支优秀的创业团队，团队成员之间的合作在创业实践过程中尤为重要（图6-2-2）。

图6-2-2
团队思维

通过团队合作有利于激发团队成员的学习动力，有助于提高团队的整体能力。大部分人的心里都有希望他人尊敬自己的欲望，都有不服输的心理。这些心理因素都不知不觉地增强了成员的上进心，使成员都不自觉地要求自己要进步，力争在团队中做到最好，以赢得其他员工的尊敬。当没有做到最好时，上述的那些心理因素可促进成员之间的竞争，力争与团队最优秀的成员看齐，以此来实现激励功能，有助于提高团队的整体能力。团队成员内部竞争，有一定程度上的激发作用。

通过团队合作可以营造一种工作氛围，使每个队员都有一种归属感，有助于提高团队成员的积极性和效率。由于团队具有目标一致性，从而产生了一种整体的归属感。正是这种归属感使得每个成员感到在为团队努力的同时也是在为自己实现目标，与此同时，也有其他成员在一起为这个目标而努力，从而激起更强的工作动机。

团队合作有利于产生新颖的创意。从团队的定义出发，团队至少由两个或两个以上的个体组成。三人行，必有我师焉。每个人都有自己的优劣点以及自己独创的想法。团队成员组成的多元化有助于产生不同种想法，从而有助于在决策的时候可以集思广益而产生一种比较好的方案。

团队合作可以实现"人多好办事"，团队合作可以完成个人无法独立完成的大项目。现在很多项目，都不是一个人在战斗。毕竟人无完人，一个人的力量有限，若是个人单打独斗难以把全部事情都做尽做全做大。但是多人分工合作的话，就会有人多力量大的优势，我们可以把团队的整体目标分割成许多小目标，然后再分配给团队的成员去一起完成，这样就可以缩短完成大目标的时间，从而提高效率。

团队合作更有利于提高决策效率。团队与一般的群体不同，团队的人数相对比较少，这种情况有利于减少信息在传递过程中的缺失、团队成员之间的交流沟通以及提高成员参与团队决策的积极性，同时领导的概念在团队之间相对不强，团队成员之间关系相对扁平，这有利于形成决策民主化。

通过团队合作可以约束规范和控制成员的行为。在团队内部，当一个人与其他人不同时，团队内部所形成的那种观念力量、氛围会对这个人施加一种有形和无形的压力，会致使他在心理上产生一种压抑和紧迫感。在这种压力下，成员在不知不觉中随同大众，在意识判断和行为上表现出与团队中大多数人的相一致，从而达到去约束规范和控制个体的行为的目的。规范和控制个体的行为有助于团体行动的标准化，有利于提高团队的办事效率。

从劳动者到创业者　1889年7月，由恩格斯领导的第二国际在巴黎举行代表大会。会议通过决议，规定1890年5月1日国际劳动者举行游行，并决定把5月1日这一天定为国际劳动节。在中国，随着经济结构的调整和企业改革，工人群体以更多元的身份，在不同行业为社会进步做着力所能及的事情。

从经济社会发展来看，创业是充分利用社会资源和科学技术，同时为社会创造就业岗位、经济价值的过程。在"大众创业、万众创新"的浪潮下，为了帮助更多的大学生劳动者向创业者转变，近年来，我国各地相继制定出台了系列支持劳动者创业的政策，比如，政府对中小企业减税降负，降低了大学生的创业门槛（图6-2-3）。学校作为创业教育的实施者，开设了系统的创业类课程对学生加以指导。同时，高职院校大学生经过劳动锻炼，技术

图6-2-3
政府扶持大学生创业

技能与实践经验不断提升,身份由劳动者向创业者转变已逐渐成为一种普遍现象。

如何实现从一名劳动者到创业者的转变,大学生们不妨听听阿里大学曾鸣教授对创业者的五点建议(表6-2-2)。

表6-2-2　曾鸣教授分享给创业者的五点建议

序号	给创业者的建议	建议具体内容
1	眼高手低,想得大一点、远一点,做得小一点、准一点	早期不必追求清晰的战略和商业模式。一切都是混沌初开,不要指望一步到位。创业者要雌雄同体,要有宏观思考的能力,保持对未来的想象力,保持大的格局,同时又必须脚踏实地从非常小的点切入
2	试错一定要基于愿景	试错是通过实践对未来的假设进行不断的试验和调整。直到找到未来在今天的"映射点",从这个点切入,最有可能演化到未来,这是个聚焦的过程。创业者一定要有一个假设也就是远景作为试错的前提,因为只有基于某个基础去测试,创业者才会有迭代的路线和方向,否则,就是盲人摸象
3	悬崖边的狂欢,没有钱也要谈笑风生	如果一个公司以三个月或三个星期作为周期,很难做出像样的东西,还导致公司整体很焦虑。创业者需要紧迫感,但不能让紧迫的情绪弥漫到组织的每个环节,不仅会影响到组织创新的空间,还会打击团队的激情,没有激情的团队是经不住磨难的,创业者如果觉得所做的事情没有乐趣,往往做不到坚持
4	保持适度自我怀疑下的自信	创业者经常处于自我怀疑的状态,判断本身有运气的成分,每一次判断都是创业者自我修炼的过程。可能对自己产生怀疑,但只能相信自己,相信每一个合适的人一定会从相信的人中间走出来

续表

序号	给创业者的建议	建议具体内容
5	四个核心决策	（1）创业者所服务的核心客户，价值是否足够大且容易感知； （2）创业时要做的事，准入门槛有多高； （3）创业时信用问题如何解决； （4）创业启动时如何通过初步的角色分工来满足创业项目的基本功能

【案例品读】

从倪志福钻头到群钻

1953年夏，北京永定机械厂（今北方车辆集团有限公司）承担了抗美援朝紧急支前任务，为"苏-76"自行炮车的"终减速外壳（高猛防弹钢）"产品钻孔。这种钢硬度高、强度大，标准麻花钻头的磨损情况非常严重，严重影响工作效率。倪志福深刻理解了"没有金刚钻，揽不了瓷器活"这句话，爱动脑筋的他为了找到能攻克高锰钢的"金刚钻"，在盛夏的夜间钻进热得像蒸笼的车间里，拿着磨损的钻头仔细琢磨，借着微弱的灯光他发现每个用过的钻头的钻心部分外缘转角处都烧坏了。

一个大胆的设想诞生了：如果攻克了钻头被烧坏和磨损的薄弱环节，它不就成了一把无坚不摧的"金刚钻"了吗？倪志福兴奋了，赶紧拿起一个磨损的钻头，用砂轮把磨损的部位磨成三个尖、七个刃的形状，用这把钻头连夜干了起来。奇迹发生了，新钻头获得了成功。这件事轰动了全厂，倪志福一时成为人们传颂的新闻人物。

◎案例解析：提起创新，人们可能首先想到的是科学家、发明家，其实创新无处不在，创新不仅体现在科技上，还应当体现在各行各业中。今天，越来越多的科技人才获得劳动模范称号，其实大家都是劳动者。我们不会忘记，自中华人民共和国成立以来，以倪志福为代表的一线工人坚持在生产实践中不断探索创新，通过开展技术攻坚提高工作效率，成为推动国民经济发展的中坚力量。他们在实现国家工业化发展的历程中体现出的百折不挠、不断进取、默默奉献的优秀品质，必将永载劳动者的光荣史册。

1955年10月，以倪志福名字命名的"倪志福钻头"走入人们的视线，并参与了国家顶尖机床技术云集的年会上的评比。倪志福的钻头旋转飞快，不到一分钟时间就高效地钻出了一个个小孔。从这场比赛之后，"倪钻"名声大噪，倪志福被邀请到各个工厂讲演，同时他自己也在不断学习和改造。后来又成立了一个由工人、干部和技术人参加的小组，倪志福等人开展钻头的持续改进工作。1965年他们研发出了一款改善版的钻头，倪志福说这一钻头的研发是大家集体智慧的结晶，于是取名为"群钻"。

（资料来源：搜狐网，有删改。）

话题探讨

"知识付费"的到来，让诸多"知识网红"异军突起。李笑来、马昌博、马薇薇……这些活跃于喜马拉雅FM、得到等网络视听节目、社交平台的"知识网红"接踵而来。据不完全统计，我国近两年的知识付费产品生产量约等于40年的图书编发量。有些人说，知识付费产品只是一种碎片化产物，不属于劳动创新的成果；也有人认为，知识付费产品正因为有人乐于付费，恰恰证明它是一种具备实际价值的劳动创新。在你看来，"知识付费"是一种劳动创新吗？

6.3 劳动助推职业生涯，成就职业理想

2020年，体育题材电影《夺冠》大热后，引发了大家对以郎平为代表的体育运动员群体职业生涯规划的热议。1960年出生的郎平，从13岁进入北京工人体育馆少年体校排球班学习排球，到2019年率中国女排获得女排世界杯冠军，40余年获得无数殊荣。她的职业生涯可以分为两个阶段：从打球实战到成为顶级选手，斩获20世纪80年代女排五连冠；从国内外执教磨砺到成为顶尖教练，带领女排夺得世界冠军。那么你的职业理想是什么？你做好规划了吗？

【劳动认知】

1.劳动助推职业生涯

在劳动中习得职业技能　职业技能是学生将来就业所需的技术和能力，是否具备良好的职业技能是大学生能否顺利就业的前提。尤其是需要相关专业知识的工作岗位，对职业技能的要求更是被作为重点来强调。因此，职业技能的获得对于职业院校大学生来说至关重要，应该贯穿于人才培养的全过程。职业技能学习通常包括基础理论知识和实践操作能力两部分内容，前者通过脑力劳动在课程教学环节教授知识，后者通过体力劳动在实践教学环节传递经验。由于职业技能学习具有一定的复杂性，要求学习者在兼顾脑力劳动和体力劳动时探索高效的学习方法，以不怕吃苦的精神在习得职业技能中

占据优势。

高职教育的特色是理论教学以"必需、够用"为度，与本科相比更重视学生动手能力的培养。培养学生的职业技能，是高职教育办出特色、得到企业和社会认可的最主要的因素。很多职业院校已经开始将劳动教育纳入专业人才培养方案，在数年的学习生涯中，分学期安排不同形式的劳动教育课程，比如劳动教育周等，计入学分的同时将具体的劳育成绩与优秀大学生评定、国家奖助学金等挂钩。目前，在职业院校各个专业的课程体系中，都构建了相对完整的实践教育教学体系，各个专业或专业群经过多年的实践与发展，基本都对接相关产业发展的前沿技术，以校企合作为基础，形成了包含基础实训、专项技能实训、模拟仿真实训、专业综合实训等方面的多层实践教学体系。特别值得一提的是，职业院校多年来采用"以赛促学、以赛促教"的方式指导和检验职业技能的培养。专业的指导与实践，让越来越多的学生深入了解自己的专业和未来发展的方向（图6-3-1）。

图6-3-1
职业技能大赛激战正酣

从入校伊始，就帮助广大学生树立劳动意识，培养他们树立勤于动手、乐于实践的劳动思想，对于学生形成正确的就业价值观至关重要，这也恰恰是学生未来安身立命的立足点。

在劳动中形成职业生涯规划　所谓职业生涯规划，是指个体根据对自身的主观因素和客观环境的分析、总结和测定，确立自己的职业生涯发展目标，选择实现这一目标的职业，制订相应的工作、培训和教育计划，并按照一定的时间安排，采取必要的行动实现职业生涯目标的过程。对于每一位大学生来说，应该从学生时代就进行职业生涯规划。

根据自己的职业生涯规划，我们可以更加科学合理地选择适当的劳动实践来习得相应的职业技能，如果我们希望将来从事电子商务类的工作，那么在日常学习和生活中就可以养成关注网络购物和物流配送等方面知识技能的习惯，在日积月累中逐步了解、熟悉并形成自己的知识技能体系，同样在实训实习中也可以更有针对性地选择对口的岗位进行行为模拟和顶岗实践。在不断的劳动中，学生可以观察和发现许多在各自领域业绩突出的榜样人物（图6-3-2），在自己的实践中可以不断加以模仿和学习，随时训练，不断顺应自己所在行业技术的变化和岗位的转换。

图6-3-2 中国民航功勋飞行员王伯尧职业生涯的最后一班飞行

职业院校学生在进行职业生涯规划时，必须摒弃职业教育低人一等的错误思想，应树立劳动光荣、劳动崇高、劳动伟大、劳动美丽的理念，只有从内心深处真正认同劳动的价值，才能在行动中热爱劳动、尊重劳动，才能沿着规划好的路径脚踏实地地前进，才能最终达到成功的终点。

2. 劳动成就职业理想

马克思劳动价值论的时代意义　马克思劳动价值论深刻阐释了商品经济的本质和运行规律，赋予了劳动在价值创造中的决定作用，并由此奠定了剩余价值论的理论基础。马克思劳动价值论不仅在人类经济学说史上具有重要的理论价值和历史地位，而且在今天依然有着重要的指导意义。

劳动价值论是巩固劳动光荣观念的指导思想。按照马克思劳动价值论的观点，劳动是创造价值的唯一源泉。因此，马克思劳动价值论凸显了对劳动的格外关注。关注劳动创造价值这一事实本身，就是对人的劳动价值的承认。马克思曾说，历史承认那些为共同目标劳动因而自己变得高尚的人是伟大人物；经验赞美那些为大多数人带来幸福的人是最幸福的人。习近平总书记指出，幸福都是奋斗出来的。在全面建设小康社会的今天，我们需要千千万万的奋斗者用自己的劳动和智慧，增添着我们的成就感和获得感。所以，我们更需要尊重劳动、保护劳动，必须坚持崇尚劳动、造福劳动者，必须牢固树立劳动最光荣、劳动最崇高、劳动最伟大、劳动最美丽的观念。

劳动价值论是坚持创新发展理念的理论依据。马克思指出，商品的价值量是由生产商品的社会必要劳动时间来决定的，与体现在商品中的劳动量成正比，与这一劳动的生产率成反比，而超额价值则与劳动生产率成正比。因此，企业为了获得更多的超额价值，必然要不断地加大创新的力度以不断提高劳动生产率。劳动生产率的高低由什么决定呢？马克思指出，劳动生产率是由多种情况决定的，其中包括：工人的平均熟练程度，科学的发展水平和它在工艺上应用的程度，生产过程的社会结合，生产资料的规模和效能，以及自然条件。所以，生产者在经济活动中会十分重视创新特别是科学技术创新的巨大效用，不断改进生产技术，提高生产效率，从而获得超额的价值。

马克思劳动价值论创立一百多年之后，当代世界结构和中国社会现实都发生了重大变化。但当代经济社会生活并未超出劳动价值论涵盖的范畴，反而为劳动价值论提供了更加广阔的应用空间。

当前，随着经济的飞速发展，劳动形态和价值的形成均发生了深刻变化，科技劳动、管理劳动、服务劳动早已超出了传统意义上体力劳动的范畴，在社会生产中占据了越来越大的比重，并逐渐成为经济社会发展的重要推动力量。在这种现实情况下，必须坚持以马克思劳动价值论为指导，深入分析当代大学生实现职业理想的外部环境和现实条件，让当代大学生们充分认识到劳动在生产中的主导作用，亲身体会到劳动是价值创造的唯一源泉。同时，我们也清晰地看到，马克思明确指出，劳动者是社会及生产劳动过程的主体。在复杂的生产过程中强调人的创造性活动这一本质，在各种复杂的经济因素中凸显了人的创造性这一经济发展的动力源泉，显示了马克思劳动价值论"以人为本"的鲜明特征。

劳动成就职业理想 "全面建成小康社会，进而建成富强民主文明和谐的社会主义现代化国家，根本上靠劳动、靠劳动者创造。"习近平总书记在庆祝"五一"国际劳动节暨表彰全国劳动模范和先进工作者大会上发表重要讲话，强调我国工人阶级和广大劳动群众要弘扬劳模精神、劳动精神，在实现"两个一百年"奋斗目标的伟大征程上再创新的业绩，以劳动托举中国梦。

人民创造历史，劳动成就梦想。劳动是人类的本质活动，是推动人类社会进步的根本力量。中华民族的辉煌历史，当代中国震惊世界的发展奇迹，都是勤劳智慧的中国人民用伟大的劳动和创造托起的。正是亿万劳动群众胼手胝足、拼搏奉献，以发展进步为己任，与时代发展同步伐，才推动中国这艘航船不断靠近梦想的彼岸。中华民族阔步前进的每一个坚实脚步，都凝结着工人阶级和亿万劳动群众的心血和汗水。

当代中国不断涌现的劳动模范和先进工作者，正是这个群体的杰出代表（图6-3-3）。虽然职业不同、岗位各异，但他们都以高度的主人翁精神、卓越的劳动创造、忘我的拼搏奉献，创造出不平凡的业绩。

图6-3-3 追梦青岛港——五位先进工人模范代表（图中先模人物代表从左到右依次为：唐卫、孙波、徐万年、庄开宇、张法胜）

他们是坚持中国道路、弘扬中国精神、凝聚中国力量的国家栋梁、社会中坚、人民楷模。他们身上始终洋溢着"爱岗敬业、争创一流、艰苦奋斗、勇于创新、淡泊名利、甘于奉献"的劳模精神，始终闪耀着中国工人阶级和广大劳动群众伟大品格的光辉。

在前进路上，我们要始终坚持人民主体地位；始终崇尚劳动、尊重劳动者；始终实现好、维护好、发展好最广大人民根本利益；始终重视提高劳动者素质。让劳动最光荣、劳动最崇高、劳动最伟大、劳动最美丽蔚然成风；让蕴藏于亿万劳动群众中的无穷创造活力和智慧竞相迸发。在新的历史条件下，亿万中国人民将把"劳动"镌刻在全面推进"四个全面"、发展中国特色社会主义的伟大实践中，把无上荣光写在实现中华民族伟大复兴中国梦的辉煌征途上。

【案例品读】

职业探索与理想源于对人生的体味与追求

在近代中国，1926年前后，晏阳初与一批颇具见识的教育家，将教育事业从城市转向了中国广袤的农村，陶行知、黄炎培、梁漱溟等一大批教育家紧随其后开展了由城市向农村的战略"转移"，以教育为枢纽推进乡村建设。

在江苏句容有这样一所学园。学员们坐而论道、起而行之，"知"与"行"相互并进，彼此成就。学园内设"学员自治会"，由每学期伊顿学园的正式入学学员组成，负责伊顿学园的日常事务管理。学员们在每周一次的学员自治会中依"罗伯特议事规则"，提议、附议、陈述议题、辩论、表决、宣布表决结果，以理性达成最终决议。这群年轻的学员以乡村建设者的角色，听从内心的召唤，奔走于山野之间；如星星般，彼此照亮，相遇在蔽日的密林里，探索和践行乡村建设的路径。众多自然建筑、原生森林、生态乡村、田园教育等乡建项目从这里破土而出。

这所依托于职业技能与书册学问两者之上的开放性、公益性的人文学园，以自主教育、开放探索、行动参与为主要学习方式，倡导诗书田园、返

◎案例解析：有人说教育就是一个灵魂唤醒另一个灵魂，一种人格影响另一种人格。在这里以基于"解决真正的社会（人类）问题的解决方案（项目）"，将学习与个体的生命发生联结，培养学员解决问题、批判思维、创新思维、自助探究、协作学习等能力。教育特别是劳动教育，可在校园也可在田园发生，不为物质条件所限制。学习也可以在窗外，可以"行走"。知是行的先导，行是知的人格。美好的人生，总是在多维时空的即兴判断与行动中，现功力见真知，因善与真的协同产生美感传世的行动。

爱默生曾说，在一个人尚未发现更适合于己的工作时，务农可能是最好的选择。每个人应当与这个世界上的劳作保持基本的联系。人能而立，不仅是因物质堆积而成躯干，更是因精神充盈而得以站立。质朴清简的生活，不仅让人保持与自然和土地的亲和关系，还获得丰富的精神世界。

璞归真、晴耕雨读，倡导以教育介入生活，以教育介入乡村。

（资料来源：搜狐网，有删改。）

话题探讨

无论是春秋战国屈原的"路漫漫其修远兮，吾将上下而求索"还是唐朝李白的"长风破浪会有时，直挂云帆济沧海"，这些诗歌中流露出的理想信念至今读起都令人动容。现在的大学生面对很多学习、生活乃至打工兼职的琐事，貌似很难拥有诗词歌赋中这些对人生、对职业的豪迈情怀。我们该如何认真而执着地划出属于自己的生命痕迹，在多变的世界中确定职业理想并坚持直至有所成就呢？

延伸探究

1. 徐莹晖，徐志辉.陶行知论乡村教育[M].成都：四川教育出版社，2010.

2. 汤锐华.大学生创新创业基础[M].北京：高等教育出版社，2016.

3. 赵培兴.创新劳动价值论[M].北京：人民出版社，2010.

4. 布赖恩·费瑟斯通豪.远见：如何规划职业生涯3大阶段[M].北京：北京联合出版有限公司，2018.

5. 刘慧娟，陈永平.我国职业启蒙教育的价值、困境与实现路径[J].职教论坛，2020，36（08）.

6. 周文霞，李硕钰，李梦宜，冯晋，徐颖.中国职业生涯管理研究回顾与展望——一项基于文献（1978—2018）的研究[J].南开管理评论，2020，23（04）.

7. 姜汉荣.职业学校学生生命生长的教育意蕴及推动策略——基于生涯发展的视角[J].职教论坛，2020，36（07）.

8. 崔军.英国高校创新创业教育国家框架：理念更新与思路借鉴[J].比较教育研究，2020，42（05）.

9. 落全枝.大学生职业素养引导与就业规划[J].食品研究与开发，2019，40（23）.

10. 周跃南.如何在职业生涯规划课程中培养学生的"工匠精神"[J].中国教育学刊，2019（S1）.

11. 梁春.坚守职业理想 朝着行业发展的更高目标砥砺前行[J].中国注册会计师，2019（01）.

12. 张凯亮.基于工匠精神培育的大学生创新创业能力提升研究[J].教育理论与实践，2017，37（12）.

13. 代敏.提升大学生就业能力 拓展就业途径[J].中国成人教育，2013（23）.

14. 微电影：《旗袍人生》.

15. 视频：《国家记忆》.

专题七
做新时代的劳动者

"青年兴则国家兴，青年强则国家强。青年一代有理想、有本领、有担当，国家就有前途，民族就有希望。"这是习近平总书记对青年人提出的殷切希望。首先，堪当大任的新青年一定是有理想的青年，因为追梦需要有执着的信念领航。其次，在知识迅速更新迭代的时代，梦想从学习开始、事业靠本领成就将成为一种必然选择。再次，作为实现中华民族伟大复兴的生力军，当代青年只有把自己的人生理想融入国家和民族的伟大事业中，不惧风雨、勇挑重担，才能在实现中华民族伟大复兴的中国梦的历史进程中实现人生价值，最终成就一番事业。青年朋友们，你们做好准备了吗？

视频
追梦新农人

7.1 做有理想的劳动者

中华人民共和国成立初期，美国等西方国家一直以禁运方式对我国实行经济封锁，而我们的国产石油量很少，中国政府每年不得不拿出极其有限的外汇从苏联进口油料。20世纪50年代末，我国经济进入困难时期，中苏关系已开始紧张。1959年全国劳动模范王进喜到北京参加群英会，看到北京街头的公共汽车因缺油顶着煤气包，作为钻井工人的他，心里很不是滋味。"宁肯少活二十年，拼命也要拿下大油田"的钢铁誓言激励着他不断前进。正是有着无数像"铁人"王进喜这样有理想的劳动者，大庆油田在石油勘探和开采上取得了令世人瞩目的成就，为祖国的经济发展做出了巨大贡献。"农业学大寨，工业学大庆"成为那个时代激励工人群体为理想而奋斗的共同记忆。对于王进喜的这种信仰与追求，你怎么看？

【劳动认知】

1. 坚守劳动信仰，共筑美好未来

人类在劳动中创造了自身，也必然在劳动中发展自身。马克思认为，"正是在改造对象世界中，人才真正地证明自己是类存在物。这种生产是人

的能动的类生活。通过这种生产，自然界才表现为他的作品和他的现实。因此，劳动的对象是人的类生活的对象化：人不仅像在意识中那样在精神上使自己二重化，而且能动地、现实地使自己二重化，从而在他所创造的世界中直观自身。"正是从这个意义上，恩格斯说："劳动创造了人本身。"马克思认为，相比而言，"动物只是按照它所属的那个种的尺度和需要来建造，而人却懂得按照任何一个种的尺度来进行生产，并且懂得怎样处处把内在的尺度运用到对象上去；因此，人也按照美的规律来建造。"可以这样说，一部人类发展史就是一部人类劳动实践的历史，是人化自然的历史。马克思用"两种尺度"厘清了动物活动与人类劳动的本质区别。就劳动者而言，"劳动不仅是谋生的手段，更是通向客观世界与主观世界的媒介，也是实现人性至美至善、彻底自由的必由之路"，他们对美的追求是其本质力量的规定性之一。人正是通过劳动的对象化将其特有的能动性、对美的追求赋予了劳动对象，人类也正是在对象化的劳动成效中证明和体验自己的存在。

承载理想的劳动成就了人类所特有的历史　　从人类历史发展历程看，人类社会物质文明和精神文明的一切成果都是通过人类劳动创造的。正如德国著名哲学家雅斯贝尔斯所说，历史是人类通过信仰的培育而走向自由的进程。"民生在勤，勤则不匮"正是中华民族对劳动的信仰，也是对劳动价值的精辟表达。我国上下五千年的文明史正是劳动人民辛勤劳动的历史，而世界上任何一个国家的崛起和强盛都离不开人民的辛勤劳动。虽然劳动有艰苦的一面，但是从劳动的意义和人的自我实现来说，劳动本是一种快乐的生命体验活动。在劳动中，人们能够感受到生命运动的快乐、创造的快乐和唤醒生命潜能的快乐。劳动光荣、劳动伟大是对人类文明进步规律的重要诠释。正是从这个意义上，习近平总书记指出："劳动是财富的源泉，也是幸福的源泉。人世间的美好梦想，只有通过诚实劳动才能实现；发展中的各种难题，只有通过诚实劳动才能破解；生命里的一切辉煌，只有通过诚实劳动才能铸就。"生命的价值体现于劳动，而生命价值的张扬离不开充满理想和

图7-1-1
人类在劳动中发展自身

信念的劳动。从"宁愿一人脏，换来万家净"的掏粪工人时传祥，到摘取科学皇冠明珠的陈景润、"杂交水稻之父"袁隆平，再到新时期技术型工人包起帆、许振超……虽然岗位不同，但他们成绩卓越，他们共同的特质就在于都饱含理想和信念，劳动成为他们能够最充分、最鲜明地展示个人天赋才能的途径之一（图7-1-1）。

2. 理想指引劳动者成长的方向，提升劳动者的境界

理想是人生的灯塔 理想是什么？理想是对未来的期望和憧憬，理想指引着人生前进的方向。法国著名作家雨果说："人，有了物质才能生存；人，有了理想才谈得上生活。"理想就像人生的发动机，有了它，才能获得前进的动力。生活可以平凡，理想却应该高远。理想主义意味着听从内心的召唤，突破现实的羁绊，追求有意义、有价值的人生目标。理想是人生的灯塔。没有远大的理想，就容易迷失前进的方向，缺乏前进的动力。

有理想，劳动才会有灵魂 理想不是学问，它只是一种行动。马克思认为："我在劳动中肯定了自己的个人生命"，"我的劳动是自由的生命表现，因此是生活的乐趣"。这种生命的乐趣，就是劳动的幸福感。正如古希腊著名哲学家苏格拉底所言："世界上最快乐的事，莫过于为理想而奋斗。"有理想的劳动者是快乐的。阿基米德曾经激情地表达支点的作用："给我一个支点，我将撬动整个地球。"事实上，在我们日常生活中，因为有了理想，所以辛苦的劳动过程中所产生的情感愉悦、心灵自由，以及收获时的快乐享受正是我们的精神支点和平衡点。一个人或一个团体能否在诸多方面寻求到精神支点，并善于借此摄取巨大的精神力量，往往决定着其能否取得成功。

劳动者的境遇受制于社会制度　劳动者都是在特定的社会条件下参与劳动。马克思认为，在人类社会的演进过程中，在私有制条件下本来"自由自觉活动"的生产劳动成了异化劳动，其背后是资产阶级和无产阶级的对立。在未来的共产主义社会里通过消灭旧式的社会分工而消灭异化劳动，将人的本质重新还给人，从而实现人的自由全面发展。劳动者个性的张扬和人生价值的彰显需要一定的社会条件。社会主义社会为每个劳动者提供了展现自己人生价值的舞台和空间。

3. 聚焦和培育新时代劳动者的核心素养，成就个人品牌

劳动者的成长事关民族命运、国家前途，劳动是张扬人生价值的明智选择　历史和现实都告诉我们，青年一代有理想、有担当，国家就有前途，民族就有希望，实现中华民族伟大复兴就有源源不断的强大力量。"一代人有一代人的长征，一代人有一代人的担当"，作为新时代的大学生，我们该如何践行我们的使命？习近平总书记对新时代中国青年提出了六点要求：树立远大理想，热爱伟大祖国，担当时代责任，勇于砥砺奋斗，练就过硬本领，锤炼品德修为。

对劳动者的素质要求往往因时代而不同　中国特色社会主义新时代是中国从大国走向强国的时代，也是"世界百年未有之大变局"的时代。这种"大变局"不仅限于全球化、大国博弈等国际关系领域，还覆盖技术、制度、知识权力等更广泛的领域，进而会为新兴市场国家和发展中国家实现跨越式发展提供重大机遇。从技术层面看，第四次工业革命浪潮必将催生出大量新产业、新业态、新模式，双重变革因素的叠加将为我们带来前所未有的机遇和挑战。把握这个机遇乘势而上成为当代中国人的使命和责任，当代大学生必将成为这一进程的参与者、见证者和主力军。

新时代有理想的劳动者的核心素养体现为匠人精神　过去500年大国崛起的历史表明，人力资本是任何一个大国崛起的基础因素，而技术技能是人

力资本的重要内涵之一。面对日趋激烈的国际竞争，一个国家的发展能否抢占先机、赢得主动，是否拥有一支知识型、技术型、创新型的劳动者队伍至关重要。一般而言，国家的现代化水平决定于国家的工业制造水平，而工业制造水平往往与匠人精神的传承有着紧密的联系。截至2013年，寿命超过200年的企业在日本有3 146家，德国有837家，荷兰有222家，法国有196家。这些企业的共同特征就是对匠人精神的信仰。正是千千万万具有匠人精神的技能人才成就了这些国家的现代化。在很多人看来，匠人从事的就是一种机械重复的工作，其实匠人代表着一个时代的气质，代表着一种坚定、踏实肯干的工作态度，代表着责任、精致、坚守、细致、专注、专业。具有这些品质的劳动者本质上是胸怀理想的劳动者，因为理想的牵引才会持久地信仰。对于技术技能人才来讲，劳动的理想和职业的信仰最终凝聚为匠人精神，体现为一种精神品质，其意义远远超出技术技能本身。

有理想的劳动者一般会在报效祖国、服务人民的事业中彰显自我 任何一个普通的生命，最初都蕴含着无穷的生命力和可能性，蕴含着独特的生命密码。但是当生命个体被抛入社会，或者进入单调而琐碎的日常职业活动之中时，往往会经历各种各样的迷失。只有那些明确方向，拒绝各种诱惑，始终将个人的成长与国家民族的事业紧密结合在一起的人，才能不断地蓬勃向前，获得更大的人生舞台（图7-1-2）。

图7-1-2
努力成就梦想

创造性劳动是有理想的劳动者的基本尊严 马克思在中学毕业时关于青年人职业选择的思考至今依然对我们极具启发意义。他在《青年在选择职业时的考虑》这篇文章中指出，职业的选择首要考量的就是"尊严"。这其中有两个内涵，其一，职业是个人自己主动选择的，也就是说这个工作是自己感兴趣的、喜欢的，而不是别人规定的，这也是人比动物强的地方；其二，这个工作需要有创造性的劳动，不能只是简单机械的重复性劳动，就是说，不论从事任何工作都要充分发挥人的主观能动性，要有创新，而不是墨守成规。除了"尊严"，更为重要的是个人的职业定向，定向要与社会进步联系在一起，为人类的幸福而工作就是最有尊严的职业。马克思这样写道：如果我们选择了最能为人类福利而劳动的职业，我们就不会为它的重负所压倒，因为这是为全人类所做的牺牲；那时我们感到的将不是一点点自私而可怜的欢乐，我们的幸福将属于千万人，我们的事业并不显赫一时，但将永远存在；而面对我们的骨灰，高尚的人们将洒下热泪。

当代有理想的劳动者的创造精神体现为创新创业 作为新时代的青年大学生，宜顺应时代发展的要求，善于实践，勇于创新探索。创新创业是一种创造性劳动，是一个从无到有、从理念到行动的劳动过程。习近平总书记指出："生活从不眷顾因循守旧、满足现状者，从不等待不思进取、坐享其成者，而是将更多机遇留给善于和勇于创新的人们。青年是社会上最富活力、最具创造性的群体，理应走在创新创造前列。"大学生正处在最富活力、最富创造力的人生阶段，理应也必将成为创新创业的主体，大学生的创新创业在实现自身价值的过程中也必将凝聚成促进社会发展、国家进步的强大动力。当然，创业不能靠运气和激情，而是要以扎实的技能和知识为支点进行创新劳动（图7-1-3）。

图7-1-3
创新点亮未来

【案例品读】

袁隆平：追梦稻田的"90后"

受新冠肺炎疫情的影响，部分国家出于粮食安全考虑，开始限制本国粮食出口，引发了全球关于粮食危机的担忧。对此，袁隆平表示，中国完全有实现粮食自给自足的能力，不会出现"粮荒"。几十年前，中国的粮食安全问题曾引起国际社会关注，曾有外国经济学家发问："谁来养活中国？"经过几十年努力，中国人交出了出色的答卷，用事实证明：中国人完全可以养活自己。这个事实的出现，袁隆平所研发的杂交水稻功不可没。

1949年中华人民共和国成立，19岁的袁隆平高中毕业后毅然选择了报考重庆相辉学院农学系，成为一名农学院学生。1953年，袁隆平毕业后被分配到湖南安江农校任教，去了不久，国家进入困难时期。袁隆平当时就想：这么大一个国家，如果粮食安全得不到保障，其他一切都无从谈起，我要为让中国人吃饱饭而奋斗！从此开启了他的杂交水稻探寻之旅。十几年的时间里，他埋头于田间检查了几十万株稻穗，在1964年和1965年找到了六株雄性不育株。但他的发现并不被看好，甚至遭受到外界的质疑。直到1970年，他的学生在海南发现了一株雄性不育野生稻，袁隆平将其取名"野败"，杂交水稻研究开启了突破口。1973年，袁隆平正式宣布籼型杂交水稻三系配套成功，这标志着我国水稻杂交研究取得重大突破。

◎案例解析：中国梦与个人梦是息息相关、紧密相连的。袁隆平的一生，是有梦、追梦、圆梦的一生，既是实现个人梦的一生，更是圆中国梦的一生。袁隆平一生将自己的梦想和"中国粮食梦"联系在一起，不断探索杂交水稻技术新突破。他不仅实现了自己的梦想，也实现了14亿中国人民的"粮食安全梦"。袁隆平常常以农民自居，生活也朴素得和农民一样，然而就是这个皮肤黝黑、身材瘦小的老人，用他研发的杂交水稻解决了中国人的粮食问题，让亿万人不再为一日三餐而发愁。2004年"感动中国"评委会对袁隆平的评语："他是一位真正的耕耘者。当他还是一个乡村教师的时候，已经具有颠覆世界权威的胆识；当他名满天下的时候，却仍然只是专注于田畴。淡泊名利，一介农夫，播撒智慧，收获富足。他毕生的梦想，就是让所有人远离饥饿。喜看稻菽千重浪，最是风流袁隆平！"一个土生土长的科技工作者，坚守朴实本色，以农民自居，敢为人先，为世界造福，他以一粒种子改变世界，为人类铺奠安稳生活的基石。在人类反饥饿的历史上，他将被永远铭记。当他在功成名就之后，在荣誉和财富的簇拥下，袁隆平魂牵梦萦的依然是粮食问题，他曾描述："我做过一个梦，梦见杂交水稻的茎秆像高粱一样高，穗子像扫帚一样大，稻谷像葡萄一此后几十年间，袁隆平不断突破杂交水稻的科研难题，"不断追求高产更高产"，将水稻亩①产从几百公斤到1 200公斤，更是解决了盐碱地种植水稻的难题，实现了袁隆平增产粮食的"中国梦"。如今已经90岁的袁隆平更是没有停止研究的脚步，他戏称自己是"90后"，他90岁的生日愿望就是："禾下乘凉梦"和"杂交水稻覆盖全球梦"。袁隆平一生投身于杂交水稻事业，奋斗在实现中国人"粮食梦"的道路之上，解决了中国人的粮食问题，这是他为祖国献上的一份"厚礼"。

> 样结得一串串，我和我的助手们一块在稻田里散步，在水稻下面乘凉。"一位老人，一粒种子，一个坚持一生的梦想，成就了一段用一生践行初心与使命的传奇。在他90岁生日的时候，他更笑称自己是"90后"，并许下"（第三代杂交水稻两季）亩产3 000斤，要早日实现！"的生日愿望。有了梦想，就会有前行的动力和持久的奋斗热情，成功就会不期而至。

话题探讨　　大学生群体中，有些大学生家庭因为拆迁而一夜暴富。对此，有人无比羡慕，认为奋斗就是为了能过上好日子，这是自己梦寐以求的生活；也有人认为这仅仅是物质的追求，不能当成人生的目标。对此，你怎么看？

---

① 1亩=$\frac{1}{15}$公顷。

7.2 做有本领的劳动者

"女匠"李某,凭借超高技艺成为精加工车间的一张王牌,使河南三门峡市某量仪厂在行业内保持领先地位,拥有众多行业"唯一"。她说,我没有高学历,但我的梦想就是脚踏实地把每一项岗位技能学好,把每一个产品做好,即使是当一名普通的工人,在钟爱的企业和平凡的工作上,我自己的努力和付出都是有价值、有意义的。拥有一技之长成就了自我成功的人生。她先后获得河南省五一劳动奖章、全国五一劳动奖章、"全国劳动模范"荣誉称号。她的真本领为国家、为社会创造了价值,也彰显了自我的人生价值。从她的成功中,你能得到什么启发?

【劳动认知】

1. 掌握一技之长

"千金在手,不如薄技在身"。新时代有本领的劳动者,是有技能的劳动者。新时代的"技",即技能,是指在掌握生产物质产品和精神文化产品的各种技术的基础之上,个人所具有的生产、服务、加工、创造等能力。

把握"技"的核心要素 技能包括专门知识、产品认知和动手能力三个核心要素。专门知识是指在某一方面、领域或专业知识方面所具有的特殊的专门知识或者经验,非普通人群掌握的应知应会的知识,而是某范围的专家熟知的知识，是技能的前提要素；产品认知是指对某一领域或产品全方位的了解，是对"专门知识"的补充与延伸；动手能力是指实际工作能力，是理论与实践相结合、创造性利用理论为生产服务的实践能力。

图7-2-1 "医者"之技

掌握一门专技，找寻安身立命之所，实现自我价值（图7-2-1）。知识提升素养，技能改变命运。手脑并用、科技先行，以科技武装技能，是新时代劳动者最显著的特征。

实现"技"的可持续提升 技能作为劳动能力，它的提升和完善，离不开明确的职业规范意识、扎实的文化知识以及健康的身心素质。熟练的劳动技能体现为依托系统的理论知识，通过高效的工作方法，运用先进的技术手段创造高附加值产品、提供高质量服务，以创新推动科技发展、促进生产力水平的提升。于学生而言，努力学习、优化知识结构、掌握实用技能，才能成长为新时代的行业精英和优秀劳动者。

多学一份技能就多一份优势，多一份经历就多一份经验。逆水行舟，不进则退。不管在哪个行业、身处什么岗位，都可以通过学习与实践途径，明确定位，不断夯实知识基础，改善能力结构，找到属于自己的天地。以"技"为引领，学习、实践、再学习、再实践，循环往复，知行合一。

2.艺多不压身

"学则智，不学则愚"，新时代是一个学习的时代，倘若畏难于"成人不自在"，结果就是"自在不成人"。不想学、不愿学、怕做事，或者得过且过、虚度年华，最终就会个人思想僵化、能力弱化，跟不上时代进步的步伐。新时代有本领的劳动者更应善思、多学、勤练。

善思多学，做精通各项知识的"多面手" "学而不思则罔"，勤于学习，掌握事物发展的内在规律，开阔自己的眼界，拓展自己的思维，真正理解并掌握各项知识，做博学多才之人；业精于勤，努力成为科技劳动领跑者，个人和社会才有可持续发展的可能。故宫里用科技手段修文物的青年（图7-2-2），制造5G产品的青年，研制国产大飞机C919和嫦娥四号探测器的青年……他们挥洒汗水，以实际行动构筑起新时代劳动者的光辉形象。

图7-2-2
故宫文物修缮工匠修复御花园地面

精益求精，掌握并灵活使用专项知识与技能 习近平总书记对我国技能选手在第45届世界技能大赛上取得佳绩作出重要指示，强调要在全社会弘扬精益求精的工匠精神，激励广大青年走技能成才、技能报国之路。精益求精，是注重细节、严谨专注、精致专一的精神理念。追求精益求精就是要向着更好的目标和方向前进，尽管世事不可能尽善尽美，但是在追求完美的过程中，对意志品质的磨炼、对人格的塑造、对境界的提高，都是精益求精带来的潜移默化的改变和进步。精益求精更多的是一种追求向上、努力拼搏的态度。没有精益求精的精神与锲而不舍的态度，就不会有完美的结果。当精益求精变成一种习惯，成功便会悄然而至。

书到用时方恨少，艺多从来不压身。人只有善于学习，以学益智，以学修身，掌握各种本领，才能成为社会发展需要的复合型人才。国家正迈向高质量发展，这是属于高素质技术人才的大时代，是新时代劳动者奋斗的时代。时代呼唤高素质的复合型人才，需要"一专多能""专精结合"的技能人才。大学是高职学子成长的熔炉，收获知识、增长技能，培养安身立命之"艺"。大学时光亦是稍纵即逝的黄金三年，学什么、怎么学，是每一位高职学子必须思考且重视的问题。奥斯特洛夫斯基在《钢铁是怎样炼成的》一书中写道：不因虚度年华而悔恨，不因碌碌无为而羞愧！在应该奋斗的青春年华，我们应重视学习，善于学习，以学益智，以学修身，自觉主动地学习、掌握和运用各种本领，不断充实和完善自己的知识结构、素质结构、能力结构，争当复合型人才，适应新时代发展需要。

> 素质是立身之基，技能是立业之本。广大劳动群众要勤于学习，学文化、学科学、学技能、学各方面知识，不断提高综合素质，练就过硬本领。要立足岗位学，向师傅学，向同事学，向书本学，向实践学。三百六十行，行行出状元。任何一名劳动者，无论从事的劳动技术含量如何，只要勤于学习、善于实践，在工作上兢兢业业、精益求精，就一定能够造就闪光的人生。
> ——2016年4月26日，习近平在知识分子、劳动模范、青年代表座谈会上的讲话

3. 做有用之才

人类是劳动创造的，社会是劳动创造的。人的社会价值是通过自己所从事的劳动事业展现出来的，美丽的青春是奋斗出来的，美好的人生目标更是要经过脚踏实地的劳动才能实现。

渊博知识是基础　渊博的知识储备是一个劳动者成功的重要基础，万丈高楼平地起，只有具备渊博的知识才能在技术更迭的职场上奋力前行。新时代的劳动者不仅要精于本专业的技能，还要广泛学习其他学科的知识，扩大视野、完善知识结构，不断提高自身的综合素质。作为高职院校的学生，在学校里不仅要学好专业知识，还要培养自主学习能力，广泛涉猎各个领域的知识，丰富自身的知识储备，为今后的职业发展打下扎实的基础。

过硬技能是手段　我国经济正处于迈向高质量发展的转型期，此时对劳动力素质的要求也发生了改变，这使得我国就业形势依然严峻，专业技术人才面临的技术进步和技术更新的速度不断加快，在激烈的专业技术领域竞争中只有保持技术的领先状态才能实现个人价值和社会价值的统一，实现个人发展与国家发展的同频共振。同时，技术素质、技能水平的提高是一个日积月累、不断磨炼的过程，这需要在劳动的岗位上不断加强学习，提高自己的技术能力。

学生提高自己的职业技能水平不仅仅依靠学校老师在课堂上的教学，还应

积极参加各类职业技能大赛（图7-2-3），在参赛的过程中，学生不仅能提升专业技能水平，还可以学习到各个专业领域的先进技术。

人格魅力是软实力 人格，是一个人性格、气质和能力等特征的总和。人格魅力是指一个人的性格、气质、能力和道德品质等方面具有的能吸引人的力量，是自身素质和综合素养的外在体现。从一定意义上可以说，这是一种高级的智慧和软实力。一个具有人格魅力的人，也许貌不惊人、才不出众，但是拥有一种别样的魅力，让人想要与之接近，放下心防，用心交流，让人感到舒服。正如孔子的弟子子夏评价孔子"望之俨然，即之也温"，这种君子如玉的品格能够随时随地感染和影响周围的人。

图7-2-3 全国青年职业技能大赛

一个具有人格魅力的人，一定是细心体谅他人，极具同情心的人。具有这种素养的人说话有分寸，做事讲道理，能把每一句话都说到别人的心里去，以柔克刚，化解问题于无声之处。勇者无畏，仁者无敌。一个具有人格魅力的人，会在工作生活中常怀感恩之心，给予的同时亦在收获，更容易取得成功（图7-2-4）。

创新能力是催化剂，个人品质是软实力。 对于个人来说，创新是价值的提升，没有创新就缺乏竞争力，没有创新也就没有提升的价值。创新是每个人具备的潜在能力，创新思维能够打破常规，突破传统，让人具有敏锐的洞察力、丰富的想象力和捕捉机会的能力，新时代的劳动者只有具备创新

图7-2-4 人格魅力

能力才能适应和迎接职场上的各种挑战。同时，创新并非遥不可及，只要善于观察、勤于动脑，人人皆可创新。作为高职院校的学生更要勇于创新、敢于创新、乐于创新。

"穷则变，变则通，通则久。"在劳动中练就一身真本领，掌握一手好技术，不断提高创新能力，立足岗位埋头苦干，为社会发展做贡献，从而实现个人理想并成为建设社会的有用之才。

4. 创新走向未来

习近平总书记在党的十九大报告中指出，创新是引领发展的第一动力，是建设现代化经济体系的战略支撑。抓住了创新，就掌握住了把控经济社会发展全局的主动权。建设现代化经济体系，必须加快建设创新型国家，让创新成为走向未来的不竭动力。当今世界，科技进步日新月异，综合国力竞争日趋激烈，社会对大学生的整体素质，尤其是创新能力的要求在不断提高。高职院校要重点培养学生的创新意识和实践能力，将问题意识转换为实践探索的动力，促进学生大胆思考、主动实践。

激发创新意识才能提升劳动价值　创新本身就是一种行为和过程，新时代的劳动者需要有主动发现问题、积极探求解决问题思路和方法的内在动力，这就是激发创新意识的过程。创新意识是创新思维和创新能力的前提，也是提升劳动价值的最初途径，有了创新意识才能启动创新思维，才会产生创新行为，才会有最终的创新结果产生。对问题的探索程度决定了问题解决可以达到的高度，也决定了整个过程中劳动的价值。作为新时代的高职院校学生，需要激发自己的探索兴趣，树立远大理想，以创新为己任，时刻审视自己、督促自己保持对事物的好奇心和对创新的积极性，切不可终日无欲无求。

培养创新思维才能转变劳动模式　创新思维是创造力的灵魂和核心。古人云"劳心者治人，劳力者治于人"，重视创新思维早已是中华民族的优良传统，只有具有创新思维的人才能在人群中脱颖而出。在劳动中创新思维意味着突破原有思维模式、定势习惯，以独到的方式方法思考解决问题的新途径，促使思维转化。培养学生的创新思维，就是在培养其透过现象看本质的能力，遇事能着眼全局的能力，可以全方位、立体化、多角度分析问题的能力，同时，结合思维训练方法，对学生进行发散思维、抽象思维、立体思维、联想思维、灵感思维、逆向思维等方面的训练，让创新思维成为学生的习惯。

掌握创新能力才能提升劳动者的竞争力 创新是战胜挑战、走出困境的唯一法则。新时代的劳动俨然不是单纯的体力劳动，更多的是知识和智慧的输出，这就对劳动者提出了更高的要求。创新能力包含了过硬的心理素质、扎实的理论知识、敏锐的洞察力以及优秀的学习能力。创新能力是大学生的核心竞争力。高职院校在培养大学生创新能力过程中，要注重培养学生勤于观察的能力，激发学生好奇心，鼓励学生积极参加科研项目，夯实基础知识，培养科学的学习习惯和思考习惯。大学生则要全面提升自身综合素质，做到德智体美劳全面综合发展，积极实践，参与劳动，在实践中内化理论，在劳动中感悟生活，探索创新方法，积累创新经验，只有这样才能在竞争中取得优势，立于不败之地。

学会创新方法才能更快获得成功 创新并不是闭门造车，也不是漫无目的、毫无方向地随意尝试，它具有一定的方法和途径，也需要有科学的指导，在实践探索中发现事物本质和现实的冲突矛盾，进而走向成功。在探索创新的过程中，首先需要有理论知识储备，扎实的理论基础是创新的基石，任何创新都需要遵循科学性，而科学性就体现在对世界的正确认知和深入了解。其次，劳动者要正确认识创新具有的阶段性，它不是单纯一瞬间的想法和灵感，而是一个蕴含科学逻辑的过程。在这个过程中，将伴随着创新工具和创新方法的运用，我们所能看到的创新结果便是创新的产物。当代大学生应该着眼于研究创新的过程，努力激发自己在创新过程中的潜能，创新过程比创新结果更为重要。

改革创新是我国赢得未来的必然要求，谋创新就是谋未来。培养大学生的创新能力对民族振兴有着重要意义，也是任重而道远的任务。大学生要自觉树立"敢为天下先"的志向，敢于创新，敢于探索，敢于突破，成就美好人生。

【案例品读】

"当工人，就一定要有一身硬功夫"——"齿轮王"徐强

徐强，沈阳鼓风机（集团）有限公司齿轮压缩机公司副总经理、高级工人技师。他每天的工作就是与巨大而精细的齿轮打交道，由于技术娴熟，业务精湛，被赞为"齿轮王"。

1990年，徐强考取了沈阳鼓风机集团技校的数控大专班。技校毕业后，徐强走进沈阳鼓风机集团成为一名技术工人。他的师傅马永思是当时厂内磨齿技术水平最高的技师。徐强想，遇上这样的好师傅是自己的幸运，一定要尽快把技术学到手。按照规定，学徒期是一年，然而徐强只用了半年时间就出徒了。

看到徐强进步这么快，领导非常高兴。他们决定让他去操作从瑞士进口的一台马格32X磨齿机。自信满满的徐强以为只要用原来学的方法操作就可以，结果将进给倍率的旋钮多拧了一周，速度竟成倍地增加，这样便出现了一个废品。这个失误深深刺痛了徐强。他告诫自己，聪明人不能两次掉进同一条河里。从那以后，徐强对自己的要求近乎苛刻，抓住一切机会学习，常常是从早晨研究到天黑，才发现自己连午饭都忘了吃。工作过程中，他要求自己一定要确认自己做的每个工作步骤都是正确的，

◎案例解析：徐强的个人成长的历程给我们青年人很多启示。首先，普通教育和职业教育是两种不同的教育，高考失利无缘普通教育时，他选择了职业教育，找到了适合自己成长的路径；其次，他在技术学习中精益求精，刻苦磨砺自我，高标准、严要求，练就了过硬的技能与本领，体现了一名劳动者的优秀品质；最后，他能够不断地提高对自己的要求，将职业理想落实在自己日常的工作中，最终不仅为企业、为国家做出了贡献，同时也成就了自我。

用一次次圆满完成工作增强自己的信心。

功夫不负有心人，1994年全厂举行技术竞赛，徐强报名参赛，获得理论竞赛第一名，实际操作第二名的好成绩。徐强说："虽然有人认为优秀的技术工人需要有很好的技巧和悟性，但是这些可以通过实践来培养。"

2004年的一个加工项目，让徐强创造了奇迹。

有客户慕名找到沈阳鼓风机集团，要求加工一批大型齿轮，设计精度是5级。齿轮的加工精度共分为12个级别，在实际操作中，大型齿轮要达到5级精度，难度是相当大的。

面对前所未有的艰巨任务，"沈鼓人"毅然接受了挑战。集团领导和设计专家们经过认真研究，一致认为这项工作非徐强莫属。在加工过程中，徐强一边操作，一边告诫自己，一定要细心细心再细心。因为他知道，稍一疏忽，按错一个按钮，就会使齿轮报废。这不但会造成20多万元的经济损失，连企业的信誉也要跟着丢了。艺高人胆大，大型机床在徐强精准的操作下，犹如雕刻师手中灵巧的刻刀，将冰冷的铸件完美地雕塑成产品。

随着检测报告的出炉，多年磨炼的本领在这一瞬化作一个奇迹——徐强加工的齿轮不仅满足了客户的要求，而且精度达到了4级。徐强创造了全国大型齿轮加工的精度之最！

回访的德国专家吃惊地说："虽然我们的设备实际精度可以达到这个精度，但真正能在操作中达到这个精度的实在太少，徐强的技术令我感到吃惊！"。国内外同行将他这一纪录称为"徐强精度"。

在记者向徐强请教达到"徐强精度"的秘诀时，他总结说："我是个完美主义者，在齿轮加工前，认真阅读图纸、工艺文件，并要求自己要尽可能多地想到可能发生的异常。之后，尽可能精细、周密地编制与不同类型齿轮相适宜的加工程序。接下来，精确地进行工件找正、对中。加工过程中，随时观察磨削状态，适时调整加工程序。力求在不降低加工效率、不增加加工成本的前提下，使每件齿轮都达到最高加工精度。不断总结经验，优化程序编制和加工方法，像对待妻子一样对待自己的设备，像对待孩子一样对待每件加工的齿轮。"

（资料来源：人民网，有删改。）

话题探讨　　随着社会的快速发展，社会分工越来越细，在某个领域具有丰富专业知识、熟练专业技能的高精尖专才和"多才多艺"的全才，哪一个更适应社会的发展？有人说，新时代是知识爆炸的时代，专业知识不断丰富和深化，"一技之长"的专注才能跟得上时代的步伐，毕竟个人的时间和精力是有限的，把有限的精力投入到专注研究的领域的专才应该比把有限的精力分散到多个领域研究中的全才要更为适应时代的发展，你怎么看？

7.3 做有担当的劳动者

小明在刷"朋友圈"的时候刷到一张照片。照片记录了庚子年（2020）春节前夕，为了尽快对新型冠状病毒引发的肺炎疫情展开调研，84岁高龄的钟南山院士挤上无座的高铁列车从广州出发前往武汉。小明捧着手机陷入了沉思，全国人民都在准备过团圆年的时候，为何提醒别人"没有特殊情况不要去武汉"的钟南山院士自己却义无反顾向处于疫情最前线的武汉"逆行"？你怎么看？

【劳动认知】

1."担当"的内涵和意义

习近平总书记曾强调，担当就是责任。"知责任者，大丈夫之始也；行责任者，大丈夫之终也。"简单地说，"担当"就是"接受并负起责任"，担当还与自觉、良心、价值、奉献、勇气和才干等方面的思考紧密联系在一起，从而被赋予丰富的内涵。人生需要担当。担当应当成为人生的"标配"，勇于担当责任更是中华民族的优良传统，每个人都应对自己担起责任，有责任担当的人才能自律而强大，才能体现生命的价值；对家庭担起责任，有担当的家庭才能拥有融洽和幸福；对国家担起责任，有担当的国家才能保持事业欣欣向荣；对社会担起责任，有担当的社会方能安定和谐。可以说，担当是做人第一美德，是人生的意义所在，勇于担当是实现人生价值的根本动力。

2. 强化"担当"

涵养家国情怀 家国情怀是中华民族最优秀的文化基因。"家是最小国，国是千万家"，家是国的基础，国是家的延伸，在中国人的精神谱系里，国家与家庭、社会和个人，都是密不可分的整体。家国情怀是中华民族优秀的文化基因，自古以来，中华优秀传统文化中就充满了关于家国情怀最朴素、最真诚、最高尚的情感表达，从屈原的"亦余心之所向兮，虽九死其犹未悔"到孟子的"天下之本在国，国之本在家，家之本在身"，从戚继光的"繁霜尽是心头血，洒向千峰秋叶丹"到林则徐的"苟利国家生死以，岂因祸福避趋之"……更重要的是，各个时代、不同领域的中华儿女用自己的家国情怀作为行动的趋导，谱写着一段段不平凡的中国发展史。

个人的价值体现与国家的前途命运紧密联系。"家国情怀"是一个人对自己国家和民族所表现出来的深情大爱，是对国家富强、人民幸福所展现出来的理想追求。习近平总书记说："国家好，民族好，大家才会好。"家庭的前途命运、个人的价值体现，同国家和民族的前途命运紧密相连。我国著名教育家陶行知曾说："国家是大家的，爱国是每个人的本分。"近代思想家梁启超所言："人必真有爱国心，然后方可以用大事。"人生，只有融入家国情怀，与祖国同呼吸共命运，投身于伟大事业中，激扬爱国情、勤践报国行，争创奋进的标杆，才能树立更远大的理想，才能为个人不断成长注入强大的精神动力，才能使人生的意义超越小我，在平凡的岗位上书写不平凡的人生华章，在广阔舞台上绽放最绚丽的青春梦想。

家国情怀要靠脚踏实地的实干来体现。建功新时代、担当新使命，离不开家国情怀的引航，离不开爱国奉献精神的浸润。但家国情怀不是虚无缥缈的，爱国主义精神不能停留在口号上。实现中华民族伟大复兴是一项光荣而艰巨的事业，需要一代又一代中国人共同为之努力。需要每一个人在平凡岗位上恪尽职守、脚踏实地地辛勤劳动。

2014年5月4日，习近平总书记在北京大学师生座谈会上强调："我相信，当代中国青年一定能够担当起党和人民赋予的历史重任，在激扬青春、开拓人生、奉献社会的进程中书写无愧于时代的壮丽篇章！"今天，家国情怀更体现为一种时代责任。国家发展，为个人建功立业提供了广阔的实践天地，我们要围绕国家的重大发展战略，树立远大抱负，并付诸行动，持之以恒，不懈奋斗。

厚植社会责任感 个人努力要与社会利益相一致。"凡益之道，与时偕行"，在一个正常运转的社会里，没有人是独立存在的孤岛，"我为人人"是"人人为我"的前提。"得其大者可以兼其小"，2013年5月，习近平总书记给北京大学考古文博学院2009级本科团支部全体同学回信中，用这句古文勉励青年要在为人民利益干事创业的实践中实现自我价值。一滴水只有放进大海里才永远不会干涸，一个人只有当他把自己和集体事业融合在一起的时候才能最有力量。一个人的理想、信念追求只有同社会的需要和人民的利益相一致才具有深远的意义。

社会责任感体现为个人良好行为的自律力。美国数学与气象学家爱德华·诺顿·罗伦兹提出了蝴蝶效应，并做了形象阐述：一只南美洲亚马孙河流域热带雨林中的蝴蝶，偶尔扇动几下翅膀，可以在两周以后引起美国得克萨斯州的一场龙卷风。社会是由每个人构成的，个人的行为看起来微不足道，但必然会影响社会，良好的个人行为会对社会产生积极的影响，不良行为则会产生消极的影响。例如，"没有买卖就没有伤害"，食用野生动物是个人行为，但会导致大量猎捕野生动物，破坏生物的多样性，导致稀有物种的灭绝，甚至会引发其他社会灾害。

社会责任体现为满足社会需求的创造力。企业家董明珠曾提出，不是什么赚钱我们做什么，而是社会需要什么我们就做什么。纺织、餐旅管理、汽车制造能满足人的衣食住行，手机、网络可以满足人的通讯需求，报纸、电视、自媒体可以满足人的新闻知情权……每个行业、每个积极的劳动者都有自身的意义与价值，面向社会需求，立足本职工作，发扬钉钉子精神，爱岗敬业，做到守土有责、守土尽责、守土担责，为满足社会衣食住行等各类生产、生活需求创造价值，在为人民利益的不懈奋斗中书写人生华章。

社会责任体现为推动社会发展的贡献力。要正视个人的奋斗在整个社会发展中的意义和价值，要树立高尚的幸福观，以奉献为乐，不仅仅是为自己的需求而劳动，在力所能及的范围内跳出职业工作，积极参与社会志愿服务、光彩事业、慈善事业，以大胸襟、大眼界规划人生，实现个人与他人的共享共成长，与推动社会发展相统一，使社会变得更加美好。

社会责任体现为引领社会风气的感召力。你奋斗的样子，真美！见贤思齐是每个向往美好生活的人都会具备的内心自觉。对待劳动的态度是判断一个人价值观的关键标尺，也是判断一个社会文明程度的重要尺度。勤勉工作，积极奉献，不仅能创造物质上的财富，更可贵的是能传递积极的价值观。因此，要坚决在遵纪守法的前提下劳动，摒弃职业地位的尊卑论、劳动的功利论等观念，牢固树立"劳动光荣"的价值观并躬身践行，敢于与歧视劳动的行为做斗争，匡正错误的劳动观念，成为正能量的传递者，引领社会崇尚劳动的良好风气。

社会责任体现为勇于挺身而出的行动力。"沧海横流，方显英雄本色"，常态化下的奉献精神弥足珍贵，危难时刻的担当品质更是难能可贵。无论是战争时期的赴汤蹈火，还是和平年代的纾难解困，从1998年抗洪抢险，到2003年抗击非典，到2008年抗震救灾，再到2020年抗击新冠，一批又一批英雄挺身而出保全千万家，无不展现出中华儿女强烈的社会责任感。关键时刻冲得上去、危难关头豁得出来，潜在的"黑天鹅""灰犀牛"危机，呼唤新时代的奋进者坚持底线思维，增强忧患意识，磨砺责任担当之勇。

砥砺主动作为精神　主动作为是勇敢面对艰难困境的坚强意志。前途是光明的，道路是曲折的，我们生活的世界充满希望，也充满挑战，每个人的成长过程中不可能都是一帆风顺、一片坦途，都必然会有深陷艰难困苦的时候。"玉经琢磨多成器，剑拔沉埋便倚天。"人生漫漫，缺乏主动作为的担当，不敢面对困境，注定滞于泥淖，行之不远。具有主动作为的担当才能具备拼搏不息的斗志和坚韧不拔的意志，我们不能因道路曲折而放弃主动作为，更不能因前途遥远而放弃主动追求，有多大担当才能干多大事业，尽多大责任才会有多大成就。

主动作为是不断刷新人生新高度的积极态度。也许有人会问，如果一个人已经实现丰衣足食、生活优渥，还需继续主动作为吗？答案是肯定的。主动作为既是自觉追求人生价值的积极态度，也是勇于突破自我、实现新高度的担当，更是能干事、干成事、成好事的内生动力。孟子尝言："生于忧患，死于安乐。"人的一生，没有近忧，必有远虑，如果陶醉于一时的成功，抱着享乐主义、奢靡之风沉溺在安乐床上，只会消磨意志，当困难出现时，必然失去应对危机的生存能力。只有保持主动作为的态度，居安思危，常怀忧患意识，敢于走出舒适区，才能继续进取，不断创造新的个人价值和人生高度。勇立潮头，奋楫者先。中国共产党不断自我革命，砥砺进取精神，为人民谋福利而不懈奋斗，团结和带领全国各族人民创造一个又一个奇迹，这正是积极主动作为的最好诠释。

自觉适应时代需求是主动担当作为的必然要求。当前，我国现阶段主要矛盾是人民日益增长的美好生活需要和不均衡不充分的发展之间的矛盾。同时，互联网、大数据、人工智能、区块链等新技术和共享经济等新业态既导致人民生活需求更加多元化，但也为满足人民的美好生活需要提供更多的手段和便利。作为职业劳动者，发扬工匠精神，主动适应科技进步和社会发展要求，以"技+劳+能"为重点，结合专业，工学结合，勇于创新，是新时代青年主动作为的必然要求。

3.正确处理个人奋斗与宏大理想之间的关系

身处平凡的岗位也当志存高远。古语云："穷则独善其身，达则兼济天下。"这是否意味着，家国情怀只是高层次人才的标配呢？也许有人会说，弘扬家国情怀就必须干轰轰烈烈的大事；也有人说，我只是一个普通人，个人的力量是渺小的，无论如何努力都无法推动社会进步。对每个有担当的人而言，家国情怀应该是崇高的精神信仰、坚定的信念，为社会尽一份力、多做贡献也应该是胸怀的志向。"海不辞滴水，故能成其大；山不辞土石，故能成其高。"千尺华厦，离不开每块砖头的支撑，动力强大的机器也离不开每个零部件的支撑，每个人脚踏实地努力奋斗就能为国家的发展和社会的进步带来正能量。高凤林、宁允展、管延安等"大国工匠"都来自生产第一线，他们正是凭着数十年如一日地追求着职业技能的极致化，靠着传承和钻研，秉着专注和坚守，怀着永不满足的"匠人精神"，才缔造出一个又一个"中国传奇"。只要志存高远，做新时代的追梦人，勤奋劳动、诚实劳动、热爱劳动，"小人物"也能实现大梦想。在弘扬家国情怀上，既要避免对自己的定位过高，陷入好高骛远的空谈主义，又要积极正视个人价值的体现。新时代号角嘹亮，使命催征，奋楫扬帆，国家的发展为个人发展提供了广阔的天地和舞台，只有自觉把个人发展融入国家建设、民族复兴、社会进步的伟大事业中，主动作为，积极奋斗，在恪尽职守中涵养家国情怀，以辛勤劳动践行社会责任感，积极主动作为，脚踏实地劳动，才能"担当新使命，建功新时代"。

　　铆足追求实绩的干劲，发扬实干精神，知行合一，争当奋战标兵。"大道至简，实干为要"，要牢记"空谈误国、实干兴邦"的道理，发扬实干精神，在知行合一中主动担当作为，做起而行之的行动者、不做坐而论道的清谈客。与其碌碌无为，不如主动作为，把火热的实践作为最好的课堂，铆足干劲，把自己摆进去、把职责摆进去、把工作摆进去，做到"干一行爱一行，干一行钻一行、干一行精一行"，勇创实绩，争当奋战的标兵。

　　鼓足迎难而上的韧劲，发扬斗争精神，攻坚克难，争树奋斗标尺。人在事上炼，刀在石上磨。主动担当作为，就要发扬斗争精神，敢于负责、勇于担当，当攻坚克难的奋斗者、不当怕见风雨的泥菩萨。越是艰险越向前，越要用"知重负重、攻坚克难"的实际行动主动作为，着眼解决实际问题，不惧风雨，迎难而上，在难事急事的攻坚中，学真本领、练真功夫、锤真意志，树立奋斗标尺，引领共同奋斗。

蓄足重新出发的闯劲，发挥进取精神，不懈奋斗，争创奋进标杆。"船到中流浪更急，人到半山路更陡。"尽管当前中国发展成就频传捷报，我国已成为全球第二大经济体、世界第一大贸易国、世界第一大吸引外资国……我们从未像今天这样接近实现中华民族伟大复兴的梦想，但改革越到深处，越要担当作为，奋勇前进。如果贪图享受、安于现状，稍微有任何停一停、歇一歇的懈怠，行船必将从潮头一退千寻。中华民族的伟大复兴，绝不是轻轻松松、敲锣打鼓就能实现的。新时代更需要发挥进取精神，时刻准备，蓄足重新出发的闯劲儿，自觉突破舒适区，探索创新，赓续奋斗，持之以恒，保持勤勇精进。

【案例品读】

最美逆行　硬核战"疫"

庚子冬春跨年，突如其来的新冠肺炎疫情笼罩荆楚大地，蔓延波及全国。哪有什么岁月静好，不过是有人替你负重前行。就在人心惶惶之时，为了大多数人的岁月静好，84岁高龄的抗"非典"英雄钟南山院士从广州向疫情最前线武汉逆行，硬核出征湖北。来自全国成千上万的医务工作者白衣执甲，除夕夜放弃与家人过团圆年的机会，毅然负重逆行，驰援疫区，为护佑人民安康筑起了一道道坚强的堡垒。

"疫情就是命令，防控就是责任。"在这场战"疫"中，中国大地上无数的个人、团体以高度的社会责任感谱写了一曲众志成城、饱含家国情怀的感人交响乐。

各地的医务者坚守岗位，无论生死，不计报酬，不问个人得失，像钢铁战士般跟时间赛跑，与病魔斗争；他们之中，有人不幸被感染，有人甚至献出生命，但他们用高于生命的责任与担当践行了医者仁心，挺起护佑生命的坚强脊梁。

突如其来的疫情，使医疗防控物资极其短缺。防护服、医用口罩等生产企业顶着疫情复产，行业工人加班加点，分秒必争加快生产，以保障防控物资的供应量，为全社会联防联控战"疫"提供了必要的武器装备。

> ◎案例解析："危急时刻，又见遍地英雄。"2020年9月8日，习近平总书记在全国抗击新冠肺炎疫情表彰大会上的讲话强调，面对突如其来的严重疫情，中国人民风雨同舟、众志成城，构筑起疫情防控的坚固防线。无论是获得"共和国勋章"的钟南山院士，还是成千上万默默付出的医务工作者，又或是各条战线上无数不知名的抗疫勇士，他们临危不惧、视死如归，困难面前豁得出、关键时刻冲得上，舍生命赴国需，以责任保家全，用大爱护民安，这些都是浓厚的家国情怀、强烈的社会责任感、主动作为的担当精神的最佳注脚和最真实的印证，是值得学习的榜样！

战"疫"中，我们看见鼓足精气神，真抓实干的企业家、教育工作者，推动有序复产复工复学；尽心尽责的社区网格员把联防联控责任措施落实到"最后一公里"；繁忙的外卖小哥在大街小巷穿梭，服务居家隔离；朋友圈里无数的"圈友"，主动传播战"疫"正能量……还有一颗颗普通的"螺丝钉"、一块块寻常的"铺路石"，坚守平凡岗位，为战胜疫情默默奉献。

（资料来源：根据网络资源整理。）

话题探讨

有些人认为，只要按时保质地完成领导交代的任务就是有责任、有担当；"各人自扫门前雪，莫管他人瓦上霜"，守好自己的一亩三分地，这也是有责任、有担当。作为新时代的青年，你如何理解"有责任、有担当"？在抗疫、抗灾、救灾中，一些企业捐赠的物资因不适用而空置，甚至给抗疫、抗灾、救灾造成困扰；很多人在朋友圈发布未经核实的防疫药方或信息，引起恐慌；有些人甚至哄抬疫情防控急需物资或基本民生物品的价格牟取暴利。你如何看待这些行为？

延伸探究

1. 刘向兵.劳动的名义[M].北京：中国工人出版社，2018.

2. B.A.苏霍姆林斯基.论劳动教育[M].萧勇，杜殿坤，译.北京：教育科学出版社，2019.

3. 刘哲昕.家国情怀：中国人的信仰[M].北京：学习出版社，2019.

4. 那罗.诗说中国 家国卷：家国情怀[M].西安：陕西师范大学出版社，2018.

5. 中共中央文献研究室.习近平关于科技创新论述摘编[M].北京：中央文献出版社，2016.

6. 杨建义.家国情怀——与大学生面对面[M].福州：福建人民出版社，2019.

7. 菲尔·克莱门茨.勇往直前：经营中的积极进取[M].陈利贤，译，上海：远东出版社，2000.

8. 刘峰.当代大学生社会责任感培育实证性研究（马克思诞辰200周年纪念文库）[M].北京：中央编译出版社，2019.

9. 习近平.在庆祝"五一"国际劳动节暨表彰全国劳动模范和先进工作者大会上的讲话[N].人民日报，2015-04-28（2）.

10. 习近平.坚持中国特色社会主义教育发展道路，培养德智体美劳全面发展的社会主义建设者和接班人[N].人民日报，2018-09-11.

11. 徐元锋.大山深处 有位"老师妈妈"[N].人民日报，2020-07-09.

12. 黄岸.艺多不压身"学霸"演员的戏更服人.人民网，2017-03-06.

13. 张群.大国工匠徐强："徐强精度"带领中国齿轮走向世界.中国青年网，2016-09-30.

14. 邓海建.让一技之长的青年享有更出彩的人生.中国青年网，2019-03-05.

15. 胡洪江，胡程远.从家出发：习近平总书记的"家国情怀".人民日报，2016-12-14.

16. 视频：《李克强：让更多青年凭借一技之长实现人生价值》.

17. 视频：《大国工匠为国铸剑，导弹发动机火药手工雕刻，误差不超过0.2毫米》.

18. 纪录片：《大国工匠》.

专题八
拓展学习

本专题立足于前七个专题内容，延伸内涵，激发思考。通过劳动的简单和复杂、奉献和维权、现在和未来几个维度，引导大学生在劳动中正确运用辩证思维，平衡好劳动价值与心智发展的关系，提高驾驭复杂局面的能力，促进素质结构的成熟与完善，营造热爱劳动、劳动崇高的氛围，使大学生全面、发展地看待世界，做一个客观的人。

视频
筑梦者

8.1

平凡之中见伟大

95岁的小野二郎是全世界最年长的米其林三星主厨。60多年来，他一直在日复一日的技艺训练中度过。从醋饭的温度、腌鱼时长、按肉力度，再到餐具准备、桌椅摆放，丝毫不马虎。徒弟在学会用刀和料理鱼的十年实践之后才可以煎蛋。用餐过程中，如果注意到食客是左撇子，下一个寿司就会被放其左手边。他说："我不认为自己臻于至善，我爱自己的工作，一生投身其中。"有人说，这是平凡之中见伟大，细微之处见真情的真实写照；但也有人认为"小题大做"，有作秀之嫌。对此，你怎么看呢?

【劳动认知】

1. 劳动教育的意义

劳动教育的本质目标是通过适当的教育途径培育具有健康劳动价值观、追求社会正义、实现体力脑力结合，以及养成自由个性的"全面发展的人"。2018年9月10日，习近平总书记在全国教育大会上发表重要讲话，指出要努力建构德智体美劳全面培养的教育体系，要在学生中弘扬劳动精神，教育引导学生崇尚劳动、尊重劳动。懂得劳动最光荣、劳动最崇高、劳动最伟大、劳动最美丽的道理，长大后能够辛勤劳动、诚实劳动、创造性劳动。站在历史唯物主义的角度来看，学生的劳动素养是劳动价值观、劳动习惯与劳动知识、劳动技能的辩证统一。在大学生劳动教育过程中强调辩证思维，有利于大学生用发展、联系、全面的观点看待问题，树立正确的劳动价值观和劳动态度，有利于形成积极向上的就业创业观，培养和造就辛勤劳动、诚实劳动、创造性劳动的品德，有利于高职大学生不断强化新时代的劳动责任感、使命感和荣誉感。

2. 平凡与伟大的关系

平凡与伟大是两个对立的概念，是统一而又矛盾的。平凡孕育了伟大，伟大又出自平凡（图8-1-1）。把每一项平凡工作做好就是不平凡，把每一项小事做好就是大事业。纵观历史长河，我们可以看到在平凡的事物中孕育了无数惊人的伟大。刘邦曾说：夫运筹帷幄之中，决胜千里之外，吾不如子房；镇国家，抚百姓，给饷馈，不绝粮道，吾不如萧何；连百万之军，战必胜，攻必取，吾不如韩信。由此可见，刘邦是平凡的，但他善于用人，在脚踏实地的平凡中稳步前进，成为名留青史的汉代开国皇帝。生活中亦是如此，"择一事、终一生"，天资平平的普通人在看似平凡的岗位上勤劳不辍也能造就行业状元。

图8-1-1 平凡劳动价值非凡

3. 职业与劳动分工

职业是平等的。刘少奇同志指出，革命工作只有分工不同，没有高低贵贱之分。苏联时期卓越的无产阶级革命家、教育家加里宁也说，无论是泥瓦匠的劳动或学者的劳动，打扫街道人的劳动或工程师的劳动，木匠的劳动或美术家的劳动，以及养猪人的劳动、医生的劳动等，都同样是荣誉、光荣、豪迈和英勇的事业。我们的职业或许不同，岗位或许有别，但只要勇于坚守、甘于奉献，每一份平凡的工作，都能创造不凡的社会价值；每一位平凡的人，都能书写不凡的人生华章。

【案例品读】

杭州高层次人才石丹："剪"出来的世界冠军

2019年8月27日，第45届世界技能大赛在俄罗斯喀山落幕。刚满21岁的中国选手石丹，一举夺得美发项目金牌。这个来之不易的世界冠军荣誉，让她收获了"全国技术能手"的称号，并因此被评定为杭州市C类高层次人才。与C类高层次人才紧密相关的，还有150万元住房补贴以及落户、就医等多项优待。新冠肺炎疫情期间，她积极请战，凭一技之长为一线防疫人员服务。

石丹出生于江西省一个普通农村家庭。2013年，她来到杭州并进入拱墅区职业高级中学求学，毕业后因为表现优异留校任教。然而，刚入校时，发型设计的学习就给石丹来了个"下马威"，剪发工具（图8-1-2）和设计理念都让她感到陌生，她甚至被同学起了绰号叫"乡下来的野丫头"。对和发型息息相关的时尚行业不甚了解的她，每次要根据词语发挥创意做发型的时候，大脑总是一片空白。她坦言自己不是"天赋型选手"，既然看到了和别人的差距，就会拼命弥补。去秀场看秀，翻看时尚杂志，虚心向老师和同学请教。功夫不负有心人，久而久之，她的专业成绩有了起色。

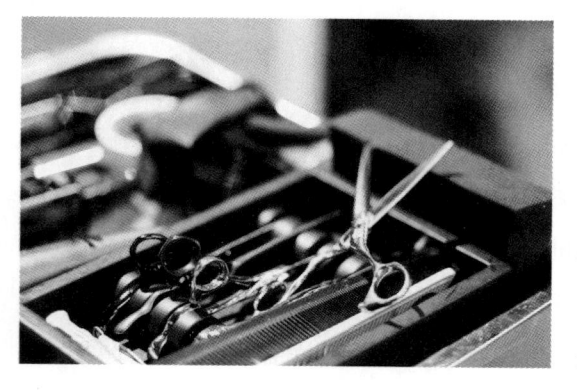

进入校级队伍之后，石丹参加了大大小小的发型比

图8-1-2 剪发工具

赛，如"一带一路国际发型比赛""亚洲发型化妆大赛"……一路过关斩将，从校队到省队，再到国家队。一次次的磨炼，一次次的经验积累，都为她在世界舞台上的最美绽放奠定根基。进入国家队后，随之而来的是高强度的集中训练。每天的成绩排名、一轮轮的淘汰，都给她造成了不小的心理压力。

石丹说，对于自己取得的成绩，她既自豪又欣慰。一开始学习美发的时候，有些人甚至戴着有色眼镜看她，说她"废了"。她却执着前行，认为在这个行业里达到极致、顶尖，就是了不起的人才。"我想让他们知道，不光是读书能够成才，学习技能也可以。"这个来之不易的美发世界冠军，正是最好的证明。

（资料来源：杭州网，有删改。）

> ◎案例解析：世界冠军的伟大，源于石丹对美容美发工作的兴趣和热爱，源于她多年在美容美发岗位的积累，源于她多年来不抛弃、不放弃。因此，平凡和伟大是可以转化的，"垂大名于万世者，必先行之于纤微之事"。平凡的岗位和劳动，通过不断积累，量变促成了质变，实现了平凡向伟大的转变。各行各业有石丹这样的优秀者，他们干一行、爱一行、专一行，他们孜孜以求、默默无闻；他们技术精湛、水平超群。他们是工匠，他们是脊梁，他们是不显山不露水的英雄。

话题探讨　某当红节目曾抛出一个辩题："终其一生，你只是个平凡人，你会后悔吗？"有人说，如果一生都是平凡人，我一定会后悔，所以我要在生活、工作中努力创造非凡的价值与贡献；也有人说，平凡只是相对而言，也许你是他人眼中的平凡人，但如果你追逐了那个最真实的你，就会发现，你是多么独特、不凡而可爱。你如何定义"平凡"和"伟大"，你的答案又是什么呢？

8.2 简单劳动与复杂劳动的不同价值

世界著名的企业家希尔顿在给员工讲话时曾举过一个例子：一块普通生铁价值5美元，如果铸成马蹄掌后，就值10美元；如果敲打成工业磁针，就值3 500多美元；如果反复锤炼打磨，制成手表发条，其价值就是它当初的5万倍。一块小小的生铁加上创新性、创造性的设计，在劳动者手中精心打磨，付出脑力劳动和体力劳动，实现了不同的功能与价值。无论是脑力劳动还是体力劳动，都是一个人存在的价值和意义的体现。同学们，你怎么理解劳动创造价值呢？

【劳动认知】

1. 简单劳动、复杂劳动与创造性劳动的关系

体力劳动比脑力劳动低级吗？现实生活中，不乏厌恶劳动、逃避劳动而坐享其成、不劳而获者，他们甚至错误地将劳动划分等级，认为只有从事脑力劳动和管理工作才是高级劳动，而厌恶和鄙视体力劳动和基础性工作。事实上，三者是辩证统一的，在一定条件下可以递进转化。按照是否经过专门训练来区分，劳动可分为简单劳动和复杂劳动。而随着时代的发展，现实生活大量出现了第三种劳动——创造性劳动，或者叫有发明创造的劳动，其具有创新性、创造性和难预测的特点。三种劳动创造的价值不同，创造性劳动价值最大，其次是复杂劳动，而简单劳动的贡献最小。三者是既有区别也有联系的，是可以递进转化的。随着科学技术的发展及其在生产中的应用，过

去的复杂劳动有可能变成简单劳动，乃至整个社会简单劳动的标准都会得到提高。在同一时间内，复杂劳动创造的价值是简单劳动的"倍加"，创造性劳动所创造的价值就是简单劳动的"幂加"。某种意义上来看，创造性劳动是复杂劳动力加智力的迸发，不同复杂程度的劳动力都可能出现创新。所以说，脑力劳动和体力劳动，简单劳动、复杂劳动、创造性劳动，就像人的五脏六腑，需要紧密配合才能做好工作，不能说谁重要谁不重要。劳动创造一切，劳动人民创造历史。

2.劳动的价值

马克思曾说，历史承认那些为共同目标劳动因而自己变得高尚的人是伟大人物；经验赞美那些为大多数人带来幸福的人是最幸福的人。有人认为，劳动价值的体现，除了经济上的价值，还有技术效益、社会效益，单纯看哪一方面都不全面。现在一些人去追求所谓的捷径，只看到别人的成功，没看到背后的付出，觉得不用付出太多，就能得到很多回报，是对劳动创造价值含义的误解。劳动价值论的主要内容是价值，是无差别人类劳动的凝结，劳动是创造价值唯一源泉，人世间一切美好的事物都是劳动创造的。简单劳动、复杂劳动与创造性劳动，都能为社会创造价值，推动人类社会发展。

3.要辩证地看待简单劳动、创造性劳动的不同价值

简单劳动与复杂的创造性劳动共同创造了美好世界，无论是简单劳动还是复杂的创造性劳动都是生产生活中的组成部分，是推动社会发展、创造美好世界的基础和动力。工作无贵贱，行业无尊卑（图8-2-1）。从"宁肯一人脏，换来万人净"的环卫工人时传祥、"公交车有终点，服务没有终点"的公共汽车售票员李素丽，到"人民楷模"称号获得者朱彦夫、李保国，都值得我们尊重和学习。因此，要用联系和发展的观点看待劳动，与时俱进加

图8-2-1 环卫工人创建美好环境

强技能学习和知识更新，尊重劳动，通过劳动为社会创造更多价值。大学生应该发挥主观能动性，综合考虑社会需要、个人所学专业、兴趣爱好、职业生涯规划，选择合适自己的工作岗位。

【案例品读】

"工人院士"罗昭强：厉害！中车这位工人荣膺"工人院士"

46岁的罗昭强是中车长春轨道客车股份有限公司的车辆装调工。动车组涉及的所有技术，装调工必须门门通晓。目前，全国范围内有能力从事该工种的工人不足2 000人。罗昭强干车辆装调不过3年时间，他原是长客的顶级维修电工、国家级技能大师，被誉为公司4 000多台（套）国际一流制造装备最权威的"全科医生"。早已功成名就的罗昭强，为何要"半路出家，改弦更张"？

"维修电工负责设备修理，在长客是辅助工种，如果在这个知名高铁整车旗舰企业干了一辈子，却没亲手制造高铁，将会是我一生最大遗憾！"罗昭强捋捋满头华发说。人到中年再出发，谈何容易。罗昭强躬身从"学徒"重新做起，49道调试工序，他一道道跟、一点点学，手机、iPad里存满图纸，每天早晚坐班车都在研究（图8-2-2）。

凭借列车故障判断和逻辑分析的宝贵经验，几年来，罗昭强解决了大量他人无法攻克的调试难题，成为业界首屈一指的"高铁调试大师"，并开创了"工人主持科技成果获奖"的先河。团队研发的第三代产品成功登陆美国，实现了工人创新成果销售到海外市场的新突破，签约金额100万美元。以前全需进口的动车组调试关键装备价格昂贵，且使用寿命只有3～4年。经过反复攻关，罗昭强研制出了自主知识产权的替代产品，价格只有国外的1/10，寿命却延长了5倍。

图8-2-2 大国工匠罗昭强在调试电子设备

迄今为止，罗昭强已率队完成技术攻关创新成果170余项，累计为企业创效2 400万元，先后获得发明专利4项、实用新型专利7项，另有22项专利正在申报中。因技能高超、创新成果显著，罗昭强摘得第十三届"中华技能大奖"，荣膺"工人院士"。执事敬、勇跨越、善创新、广授业，2018年五一前夕，罗昭强光荣当选"吉林工匠"，并喜获全国五一劳动奖章。

（资料来源：人民日报，有删改。）

◎案例解析：技艺傍身、荣誉加袍，罗昭强依然不言寒窗苦，不断挑战着自己的"舒适区"，用全身心投入的劳动创造了非凡的价值，成为"中国智造"新推手。祖国繁荣，离不开一线工人的勤劳建设；企业长青，少不了一线工人的坚守拼搏。唯有依靠广大劳动者的付出与创造，才能实现奋斗目标。

话题探讨

生产一支普通的铅笔，看起来很简单，但实际需要多少道工序呢？答案是少则几十道，多则需要上百道。多么惊人的数字啊！看似简单的劳动环节构成了复杂劳动，正是这些我们完全不熟悉的劳动分工和协作，才让社会更加顺畅地发展下去。你在学习、生活、社会实践中，曾经体验过哪些简单劳动和复杂的创造性劳动呢？你是如何看待两者的关系呢？

8.3 奉献精神与劳动维权

一个月前,毕业生小林与一家设计公司签订了临聘合同,约定工作15天给予2 000元,以此类推。期间小林共完成了3个项目,实际工作23天,等到发工资时负责人却开始扯皮、降薪,拖到最后直接失联。小林表示,她从不懈怠工作,也希望得到合理对待,会向区劳动局投诉讨回工资。可也有人说,大学生实习的初衷是积累工作经验,不应该计较报酬得失。对此,你怎么看?

【劳动认知】

1. 奉献精神与契约精神

中华民族是重精神、重美德的民族,自古就有"鞠躬尽瘁""精忠报国""三过家门而不入"等大公无私、忘我奉献的传统佳话。但随着时代的发展和人们法治意识的觉醒,人们逐渐认识到维护合理劳动权益的重要性,逐步认识到契约精神、诚实守信的重要性,不断把握奉献精神和劳动维权的关系,认识到奉献精神是对公民的高标准要求。市场经济条件下,倡导奉献精神并不过时,经济社会发展仍然需要多数劳动者做出自己的奉献。在建设法治国家、法治政府和法治社会的时代背景和历史进程中,传承中华民族的优良美德,也需要不断加强劳动维权意识,充分保障劳动者的合法权益。因此,在市场经济时代,奉献精神与契约精神并不矛盾,两者是辩证统一的,将契约精神作为劳动基础,将奉献作为美好升华,才是更加健康、更加良性的职场理念。

2. 奉献精神在劳动中的重要性

奉献是一种爱，是对自己事业的不求回报的爱和全身心的付出；奉献精神是一种中华美德，是社会责任感的集中体现。契约精神的本质是一种契约自由的理念，是指存在于商品经济社会中派生的契约关系与内在的原则，是一种自由、平等、守信的精神。大到"国家兴亡，匹夫有责"，小到"人人为我，我为人人"，投身新时代，担负新使命，奉献新作为，这是大家实现自我价值的底线。奉献是人生追求的一种高贵品质，是尊重生命的一种高尚情操，奉献是献身精神的体现。岗位奉献精神融入大学生职业价值观，能够凝聚团队力量，发扬艰苦奋斗的精神，敬业奉献，互帮、互助、互爱、互学，共同发扬艰苦奋斗的精神。

3. 集体利益和个人利益的辩证关系

集体利益和个人利益，大我和小我，这两者是高度契合、融合与统一的。习近平总书记曾说，我们要把学习的具体目标同民族复兴的宏大目标结合起来，为之而奋斗。只有把小我融入大我，才会有海一样的胸怀，山一样的崇高。要做到坚持社会价值与个体价值的深度融合，集体利益与个人利益的有机结合，共同理想与个人理想的高度契合。

社会主义市场经济以公有制为主体，多种所有制经济共同发展，是同社会主义基本制度紧密结合在一起的。马克思主义和社会主义市场经济并不否定合理的个人利益，而且强调按劳分配，多劳多得，但社会主义更注重抑制、调节、克服市场经济可能带来的消极因素。在社会主义市场经济中，集体主义与个人主义非但不互相矛盾，集体主义还是个人主义的前提。古语道，"得其大者可以兼其小"，国家、民族和个人的命运从来都是紧密相连的。就像一滴水只有放进大海里才永远不会干涸，一个人只有把自己的事业与民族、国家融合在一起的时候才最有力量。"大河有水小河满，大河无水小河干"，只有集体利益得到维护，个人利益才有保障。公益观念、公平意识、合理谋利的思想背后都必然有集体观念作为支撑。反之，过分强调个人主义，把集体主义与个人追求彻底对立，将陷入"人为我、我为我"的个人主义恶性循环，成为各种损人利己、损公肥私的丑恶现象不断涌现的源泉。

4. 奉献精神与劳动维权的辩证关系

市场经济条件下，倡导"奉献"精神并不过时，经济社会发展仍然需要多数劳动者做出自己的奉献。但是在建设法治国家、法治政府和法治社会的时代背景和历史进程中，传承中华民族的优良美德，也需要坚持契约精神，不断加强劳动维权意识，充分保障劳动者的合法权益。因此，奉献精神与劳动维权这两者是辩证统一的，也是相互联系的。无私奉献是为大我，是为集体利益；合法维权是为小我，是为个人利益。劳动中既要强调奉献精神，服从集体利益；也要坚持契约精神、诚实守信，运用法律武器，保护自己的个人合法权益不受侵害。

【案例品读】

"疫行公益"逆行者齐文英："只要努力就能拥有幸福"

齐文英，1985年7月出生，2010年5月入党，小时候不幸患上脊髓灰质炎，又接连遭受病痛折磨和父亲离世。顽强的她用双手撑起一副拐杖，一路苦读，考入长沙理工大学，并取得了硕士学位。2012年，经湖南省残联介绍，齐文英进入当地福利企业——湖南安邦制药有限公司工作，并担任"学习张海迪小组"组长。从那时起，她开始潜心公益，用自己的力量帮助更多的人。短短几年时间，齐文英带领小组成员，走访慰问了上千名脑瘫、智障、自闭症等特殊患者。她带领同事们组成了一个"励志宣讲团"，走上了大学讲台，给"00后"的大学生们讲述她们的励志故事。

"人生没有注定的结局，只有别人口中的限制。"90后李莹因儿时感冒，听力受损、右耳失聪。找工作过程中，她因无数次被拒而伤心流泪。加入"学习张海迪小组"之后，李莹从企业行政专员做到销售内勤，在不到两年时间里，她一次次实现自我超越。受当地农村医疗条件限制，29岁的胡华众在出生时因缺氧造成脑瘫，大学毕业后成为企业仓库管理员；身高只有1.25米的屈金艳身患先天性软骨病，从湖南中医药大学硕士研究生毕业后，成为一名医药研发人员……"学习张海迪小组"的成员纷纷讲起自己的成长经历。

> ◎案例解析：齐文英身残志不残，用爱心回报社会；不忘初心，用行动传播正能量。同时，国家对残疾人的关爱政策和对奉献者的鼓励措施，使他们的劳动权益得到了有效保障，也让大批如齐文英这样的奉献者深刻感受到了来自全社会的理解、尊重、关心，备受鼓舞。因此，齐文英常怀一颗感恩之心，将无私奉献和热心公益事业有机结合起来，从复杂矛盾中把握规律，实现小我和大我的平衡发展。

2013年7月23日，齐文英作为"学习张海迪小组"组长受到中残联主席张海迪的亲切接见，张海迪亲自签书鼓励她做一个"有文化的英雄"。同年9月，齐文英受到中残联副主席王建军的亲切接见。2020年新冠疫情发生后，齐文英和"学习张海迪小组"主动帮助社区开展信息排查与心理疏导工作，并通过订阅号每天推出"疫行公益"来更新疫情动态。此外，她还主动发起捐款活动，通过两天时间帮助武汉蔡甸区的残障家庭募集了近2万元善款，由公司志愿者随捐赠药品一并送达武汉。

（资料来源：新华网，有删改。）

话题探讨　市场经济条件下弘扬奉献精神是不是过时了？有人认为，市场经济奉行的是"等价交换"的原则，强调自主意识和个人价值的实现，认为"克己奉公""无私奉献"精神与市场经济不相符。更严重的是，市场化进程夹杂着各种唯利是图、损公肥私等不良现象。你认为如何在劳动中实现大我（奉献精神）与小我（个人合法权益）的双赢？

8.4 在劳动中德技并修

> 有德有才是正品,有德无才是次品,有才无德是毒品,无德无才是废品。司马光在《资治通鉴》分析智伯无德而亡时写道:"才德全尽谓之圣人,才德兼亡谓之愚人,德胜才谓之君子,才胜德谓之小人。"这对我们有何启发?

【劳动认知】

1. 道德与劳动技能的关系

我们需要清楚认识三点:一是劳动教育以德育为先。因为道德决定着在劳动中,选择和学习什么样的劳动技能,并且决定了劳动的目的,解决的是为谁劳动,为什么要劳动的问题。二是劳动技能的习得,也会对个人道德产生影响。古人讲求道德的事上磨炼。磨炼的过程也是劳动技能的习得过程。要学到精深的专业技能,需要勤奋、坚持和不断地努力。三是针对不同的个体和不同性质的劳动,对道德和劳动技能的要求会有所不同。需要注意的是,道德和劳动技能的范围都比较宽泛,都在不断地发展变化之中,还受周围社会习俗和文化环境的影响。

2. 道德在劳动中的重要性

社会分工导致每一位劳动者都只是完整劳动过程中的一环,就像一架大机器上的一颗小小的螺丝钉。我们需要注意以下几点:一是我们无论从事什么样的劳动,都要对整个劳动过程和劳动的最终产品有一个了解,知道劳动给社会带来的积极和消极的影响。二是在职业规范和法律的要求之下，在自由选择的空间中，勇敢地站在善良的一面。话题探讨中的案例，可以让我们进一步思考这个问题。

3.劳动技能对道德的影响

美国学者伦纳德·里德在《铅笔的故事》一书中提出，如果没有劳动分工，现代人可能连一支小小的铅笔都无法生产。他运用丰富的想象力，述说了铅笔的制造过程。铅笔的原料非常简单，包括木头、漆、石墨、金属和橡皮等。但木头涉及锯子、卡车、绳子等工具，而这些工具需要开采矿石、冶炼金属，需要工人制造；工人又需要咖啡等基本的生活资料；制造颜料、烘干需要热量、照明、电力、传动带、电动机等一家工厂所需要的一切设备；而铅笔芯又涉及石墨的开采、提炼和运输等一系列劳动合作。这说明，在劳动分工的条件下，具体的生产劳动本身就包含了彼此合作的道德意向。

但不可否认，在特定的社会制度下，不同的劳动技能，包含了利益的博弈和阶级的对立。在马克思看来，表面上是物质劳动和精神劳动、脑力劳动和体力劳动在技能上的差别，实际上是一部分人享有劳动成果，另一部分人生产劳动产品的分裂，而且两者在劳动分工上是不平等的。因此，我们需要通过努力去建立相关的制度取消劳动技能背后不正义、不道德的因素，使劳动光荣、劳动正义和劳动平等真正落到实处。

【案例品读】

"大国工匠"王军：宝钢蓝领科学家　一线工人中的创新奇才

宝钢集团有限公司（简称"宝钢"），作为中国现代化程度最高、最具竞争力的钢铁联合企业，成立30多年来为国家经济社会发展做出了巨大贡献

图8-4-1
上海宝钢工业园区

◎案例解析：工作在宝钢、学习在宝钢、成长在宝钢。这三句话，概括了王军在宝钢这30多年的工作。"一人进百步，不如百人进一步。"他说，"是宝钢点亮了我，我愿意点亮更多的人"。可见，是王军的高尚品德激发了他的劳动热情，他的工作目标更加明确，干劲更足，技术技能也稳步提升；同时，随着王军对单位和国家贡献的加大，不但他的自我价值得以实现，而且单位的重用与同事的尊敬又反过来促进了他品德的进一步磨炼与提升，形成品德与技术技能相互促进的良性循环。

（图8-4-1）。辉煌成就的背后是努力拼搏、攻坚克难的千千万万优秀一线工人，而被同事称为"蓝领科学家"的王军，就是其中非常具有代表性的一位技术工人。

王军说，他1985年到宝钢工作，从最开始做一名极其普通的岗位辅助工到今天，摸爬滚打30余年，逐渐成长为新时代的技术工人。宝钢技校毕业，同济大学夜大专升本，这些在现代大学生看起来很不起眼的学习经历，却是王军成为高级技师、宝钢技能专家的重要基础。他不受岗位局限，用自己的不懈努力和勤奋思考，去追求人生的价值和高度，走出了一条不平凡的成才和创新道路。

"像科学家一样做工人"是王军的座右铭，也是他给自己设立的人生信条。他研究的"层流冷却关键设备技术"历时10年，攻克了世界级行业难题，彻底改变了以往此类核心装置长期依赖进口或仿制外国产品的局面，实现了由空白到国际领先水平的跨越式提升。在不断努力的人生道路上，王军已经在国内外发明展获奖35项，金奖18项，诸多创新成果替代进口并达到国际先进水平，近五年创直接经济效益6亿元。王军带徒传技经验丰富，受聘宝钢人才开发院兼职教授，为宝钢和社会培养大量技能人才，主持国家级技能大师工作室，所在部门获国家专利750项，国内外各类创新成果奖87项，近5年创直接经济效益13亿元，是具有较强创新创造能力和社会影响力的高技能专家。

（资料来源：新华网，有删改。）

话题探讨

近年来，职业体验馆受到了许多青少年的喜爱。通过体验普通劳动者的工作日常，烘焙、采摘、手工、清扫等，让大家从多角度感受到了劳动者之美、劳动场景之美、劳动精神之美。然而，这些技能体验项目却产生了较多浪费。比如，第一次尝试DIY蛋糕给过生日的同学，但烘焙成品的味道不如愿，大家吃两口就扔掉了；同学们到户外参加田间劳动，采摘过程中踩踏了幼苗，也无意扰乱了当地淳朴村民的平静生活。职业体验的本意是为了弘扬劳动光荣的精神，但培养技能的过程中却忽视了道德品质的提炼。你认为该如何平衡劳动教育与德技并修的关系呢？

8.5 人工智能对人类劳动技能的影响

随着人工智能时代的到来，有人说，"创造出人工智能，我们是在召唤魔鬼"。未来20年内，现有的大量工作将会被机器人所替代。有人反驳："工业革命中机器替代人工并不是一日之间完成的，不会突然导致大规模失业，侵蚀工作机会的同时反而会创造更多新的工作机会。"这件事你怎么看呢？

【劳动认知】

1. 人工智能的概念

人工智能（Artificial Intelligence），英文缩写为AI。它是研究、开发用于模拟、延伸和扩展人的智能的理论、方法、技术及应用系统的一门新的技术科学。

2017年12月，人工智能入选"2017年度中国媒体十大流行语"。人工智能属于计算机科学的一个分支，它企图了解智能的实质，并生产出一种新的能与人类智能相似的方式做出反应的智能机器，该领域的研究包括机器人、语言识别、图像识别、自然语言处理和专家系统等。

人工智能是一门极富挑战性的科学，从事这项工作的人必须懂计算机知识，以及心理学和哲学。人工智能是包括十分广泛的科学，它由不同的领域组成，如机器学习，计算机视觉等。总的说来，人工智能研究的一个主要目标是使机器能够胜任一些通常需要人类智能才能完成的复杂工作，但不同的时代、不同的人对这种"复杂工作"的理解是不同的。

2. 人工智能时代劳动者需要具备的能力

人工智能时代，技能人才将被划分为技术的创造者、使用者和协作者。对于技术的创造者来说，需要具备计算思维和数字能力，需要拥有数字学科、技术科学和自然科学、人文科学的跨学科能力；对于技术的使用者来说，需要信息技术、数据分析处理、内容开发、信息技术使用等方面的能力，需要利用信息技术解决面临的各种问题。国际电信联盟亚太地区办事处高级顾问萨默尔·夏尔马说，信息技术能力和人工智能技能可能不是最重要的，却是未来工作必不可少的。与此同时，人类自身特有的能力将在未来显得格外重要。

3. 人工智能与人类劳动的关系

随着新一代人工智能的兴起，机器智能越来越接近人类智能，过去专属于人类的劳动，特别是脑力劳动，越来越被智能机器所取代（图8-5-1）。因此，人工智能给人类劳动带来了巨大的挑战，如挑战人类劳动权利和劳动价值观。但是，对人类来说这种挑战本身也是一种机遇，它让人类从繁重的体力和脑力劳动中解放出来，人类由此获得了一定的解放和自由，并有闲暇去享受生活和全面发展。历史经验告诉我们，技术创新从未带来大规模失业，反倒在经济活动中创造了新的、更多的就业机会，人工智能也不例外。人工智能可能会在所有行业中创造许多新的工作，只是工作任务的要求会发生很大变化。当然，人工智能带来的对人类劳动的挑战不仅仅是劳动问题，它还将涉及财富分配、公平公正等更多深层次的问题。

图8-5-1 AI主持人

4.辩证看待人工智能的发展及其对人类劳动技能的影响

人工智能不仅能极大促进生产力的发展，更重要的是它将深刻改变人类的生活世界、思想观念、组织制度和存在样态（图8-5-2）。可以说，对人工智能的研究不仅是对机器的研究，更是对人类的研究。人工智能虽将影响我们的工作，但技能升级才是关键。当然，科学技术是一把双刃剑，科技乐观主义认为科学技术的发展可以解除和摆脱人类社会的各种难题的困扰，是社会进步的动力，能给人类带来美好的未来；科技悲观主义则对科学技术的社会功能和社会后果持悲观的态度和看法，主张抑制科学技术和工业的发展，强调人与自然协调发展。这两种观点虽都依据历史事实，但是具有片面性，都将科学技术在特定历史阶段的具体特殊价值看作是普遍的绝对价值。这种科学技术的双重影响并非仅仅取决于科学技术本身，更主要的是人类如何去运用，使其成为造福人类的工具。我们大学生应该主动拥抱人工智能时代，主动学习相关知识和技能，提升自己的创造力、社交能力、分析能力、思考能力、判断能力、审美能力和学习能力，主动适应社会发展。

图8-5-2 智能时代的应用场景

【案例品读】

李开复：10年后人工智能让50%的人失业

2017年《奇葩说》季前赛的奇葩大会上，李开复作为特邀嘉宾，他的出现将节目气氛推向高潮。"未来10年，有50%的工作将被人工智能取代"，这样的预言从李开复嘴里说出，让在场所有人感到心里一紧。

"其实我们每个人每天都在使用人工智能"，节目中，演讲大师李开复娓娓道来的论述让在座所有人陷入了深思。的确，当我们每一次在用搜索引擎时，每一次看到的结果都是人工智能推算出来的，而我们的每一次点击，人工智能都会学习并记录，了解你的兴趣，以便下次多为你提供这样的内容。李开复坦言，自己过去两年所有的投资，都在使用人工智能进行管理。

交易员、助理、秘书、中介，这些重复性工作，人工智能会比人类做得更好，比如机器人可以通过读财报、读新闻来判断今天最可能涨的股票是哪一只。在李开复眼中，未来10年，人类50%的工作会被人工智能取代。但同时，人工智能也会给我们带来机会，因为人工智能替代不了我们的审美，它将极大地解放人类的时间，从而解放人类的创造力（图8-5-4）。

此外，李开复也提到娱乐是非常好的领域。因为人工智能不懂什么叫幽默、编剧、电影、游戏、娱乐，这个观点让"最强说话天团"喜笑颜开，终于不用担心自己失业。在李开复的眼中，面对即将到来的人工智能时代，人类不要选择拒绝，而要去拥抱。人工智能的时代，我们就有了

◎案例解析：就像工业革命一样，大型机械设备的加入的确使很多人失业，但这并不是简单的机械取代人工，而是机械极大地提升了劳动生产率，从而节省了劳动力（图8-5-3）。AI同样如此，尽管造成了一些失业问题，但这同样是社会进步的体现，随着社会的发展，一些职业在消失，也会有一些全新的职业出现，就像古代的驼队马帮早已被现代化的物流运输所替代一样，AI所做的其实与这些并没有什么差别。

图8-5-3
现代化工厂生产场景

图8-5-4
人工智能：让生活更美好

更多的时间去体验有趣的事物，不是更好吗？

（资料来源：人民网，有删改。）

话题探讨

创造一个AI来主持新闻节目如何？已经有媒体在尝试使用AI来完成稿件的写作，并且从最终成稿效果来看还算不错。既然AI能码字，那么将这些文字读出来也并不困难。但有人反驳，对于创造内容、文化娱乐等方面，这并不是人工智能所擅长的领域。请同学们想一想，人工智能是替代劳动，还是升级劳动？人工智能会给你的专业带来什么影响？

延伸探究

1. 于惠棠.辩证思维逻辑学［M］.山东：齐鲁书社，2007.

2. 赵庆元.马克思劳动价值论及其当代阐释［M］.北京：经济科学出版社，2012.

3. 赵培兴.创新劳动价值论——论超常价值（修订版）.北京：人民出版社，2014.

4. 刘靓.不可不知的劳动法：300个劳动维权法律常识速查全集［M］.北京：中国法制出版社，2012.

5. 汉娜·阿伦特.艾希曼在耶路撒冷——一份关于平庸的恶的报告［M］.江苏：译林出版社，2017.

6. 周湘智.人工智能时代需要怎样的技能人才.光明日报，2019-10-20，07版.

7. 戴菁.人工智能时代更需重视劳动教育，学习时报，2020-04-03.

8. 习近平.致首届数字中国建设峰会的贺信.新华网，2018-04-22.

9. 习近平.致2018世界人工智能大会的贺信.新华网，2018-09-17.

10. 电影：《中国机长》《人工智能》《机器管家》《超验黑客》.

11. 纪录片：《劳动铸就中国梦》.

郑重声明

高等教育出版社依法对本书享有专有出版权。任何未经许可的复制、销售行为均违反《中华人民共和国著作权法》，其行为人将承担相应的民事责任和行政责任；构成犯罪的，将被依法追究刑事责任。为了维护市场秩序，保护读者的合法权益，避免读者误用盗版书造成不良后果，我社将配合行政执法部门和司法机关对违法犯罪的单位和个人进行严厉打击。社会各界人士如发现上述侵权行为，希望及时举报，我社将奖励举报有功人员。

反盗版举报电话
（010）58581999　58582371

反盗版举报邮箱
dd@hep.com.cn

通信地址
北京市西城区德外大街4号
高等教育出版社法律事务部

邮政编码
100120

读者意见反馈

为收集对教材的意见建议，进一步完善教材编写并做好服务工作，读者可将对本教材的意见建议通过如下渠道反馈至我社。

咨询电话
400-810-0598

反馈邮箱
tianyl@hep.com.cn

通信地址
北京市朝阳区惠新东街4号富盛大厦1座
高等教育出版社总编辑办公室

邮政编码
100029

防伪查询说明

用户购书后刮开封底防伪涂层，使用手机微信等软件扫描二维码，会跳转至防伪查询网页，获得所购图书详细信息。

防伪客服电话
（010）58582300

高教社高职劳动教育研讨QQ群号
813371686